I0177098

Louange pour le livre: Sept marques d'une Église du Nouveau Testament

Je pense qu'il est juste de dire que je connais le frère David Black. Il a été mon professeur et j'ai été l'un de ses pasteurs. Lors d'un voyage en Éthiopie, je me souviens d'avoir demandé à sa femme (Becky): « Quels sont les points forts du Dr Black ? », A-t-elle répondu: « Voir la situation dans son ensemble et le rendre facile à comprendre pour tout le monde. *Sept marques d'une église du Nouveau Testament,* c'est un tel livre : claire, concise, engageante et débordante de sagesse céleste qui éveillera votre cœur et votre esprit de vouloir «la maturité selon l'Évangile » pour la gloire de Christ.

Dr. Jason Evans
Pasteur / Ancien, église baptiste de Bethel Hill

Juste au moment où je pensais avoir lu mon livre préféré de Dave Black, voici celui-ci! Que Dieu vienne de te sauver ou que tu marches avec Jésus depuis de nombreuses années, ce livre est pour toi. Jésus dit dans Matt. 16 : 18, « Je construirai mon église ». Du point de vue de Jésus, l'église était future, c'était sa possession et il en était l'architecte! Aujourd'hui, nous sommes tentés d'oublier sa création, de la considérer comme la propriété de quelqu'un d'autre et de la construire de main en main. Après une vision erronée de l'évangile, rien ne peut nuire davantage à la Grande Commission qu'une vision erronée de l'église. Les sept signes d'une église du Nouveau Testament de Black sont un rappel nécessaire que nous devons « faire » l'église selon les termes de Dieu, et non selon les nôtres. Pour ma part, j'ai grandement bénéficié de l'étude minutieuse de Black dans Actes 2 : 37-47. Croyez-moi quand je dis, nous ne pouvons pas nous permettre de négliger ces onze versets si nous espérons voir Dieu bouleverser le monde de nos jours (Actes 17 : 6).

Dr. Thomas W. Hudgins
Capital Seminary and Graduate School (Le séminaire de la Capitale et l'école des études avancées)

Eh bien, Dave Black l'a encore fait! Dans son livre *Sept marques d'une église du Nouveau Testament*, il met en lumière le fait qu'une grande partie de ce qui se fait dans nos églises du XXIe siècle n'a que peu de ressemblance avec ce que la Bible enseigne. Aie! Mais c'est vrai! Dave nous appelle pour jeter un coup d'œil à la façon dont nous « faisons l'église » et cherchons à apporter des réformes. Ce n'est pas que nous ayons choisi d'être désobéissants ou non bibliques d'une manière intentionnelle. Pourtant, tout comme les marées océaniques détruisent un château de sable, nos traditions et nos philosophies relatives à la direction de l'église, à la politique et à la camaraderie érodent les vérités bibliques. Toute personne désirant diriger ou faire partie de ce qui ressemble à une église du premier siècle devrait accueillir chaleureusement les principes simples mais profonds énoncés par Dave dans le livre des Actes. Merci encore d'avoir contesté le statu quo, frère Dave!

D. Kevin Brown
Pasteur / Ancien, église baptiste de Mount Pleasant

Sept marques d'une église du Nouveau Testament

Un guide pour tous les chrétiens, n'importe quel âge

David Alan Black

Publications Energion
Gonzalez, FL
2014
Traduction Française, 2019

© Tous droits réservés 2014
David Alan Black

Traduction © Tous droits réservés 2019
David Alan Black

Dans l'exemplaire anglais l'auteur a traduit plusieurs passages lui-même du grec. Le traducteur a traduit ces traductions directement en français. Sinon, on a noté la version pour ces autres citations.

Couverture Jody & Henry Neufeld
Images de couverture:
Sunset, ID 3121126 © Koh Sze Kiat | Dreamstime.com
Cross, ID 35103100 © Maria Wachala | Dreamstime.com

Electronic
ISBN13: 978-1-63199-710-5
Print:
ISBN10: 1-63199-705-X
ISBN13: 978-1-63199-705-1

Energion Publications
P. O. Box 841
Gonzalez, FL 32560
energion.com
pubs@energion.com

TABLE DES MATIÈRES

REMERCIEMENTS

Mes remerciements à Henry Neufeld (encore!) pour avoir accepté ce manuscrit et pour ses critiques constructives et ses encouragements. Merci également à mon assistant personnel, Jacob Cerone, pour son travail approfondi mais excellent sur ce volume. Je dédie ce livre aux anciens de l'église baptiste de Bethel Hill, qui confirment chaque semaine les principes bibliques exposés dans ce volume : Jason Evans, Jason Hartley et Ed Johnson. Mais que la tête seule, Jésus-Christ, reçoive toute la gloire.

David Alan Black
La ferme Rosewood, Virginie

INTRODUCTION

Pendant des années, j'ai voulu écrire un livre sur l'ecclésiologie. Ce livre, cependant, ne l'est pas. Au lieu de cela, j'ai essayé de poser au Nouveau Testament une question très simple : « À quoi ressemble une église saine et biblique ? » Bien sûr, beaucoup d'excellents écrivains ont tenté de répondre à cette question. Les livres sur l'église sont plus abondants que jamais. Je ne prétends pas avoir trouvé la seule réponse à cette question. La seule chose que j'ai essayé de faire est de permettre aux Écritures de parler pour elles-mêmes. Vous remarquerez que j'ai posé ma question sur le Nouveau Testament lui-même; et il me semble que le Nouveau Testament nous a fourni une réponse extrêmement claire. Plus je réfléchis au livre des Actes, plus je suis convaincu que le merveilleux chapitre décrivant la naissance de l'église constitue un bon point de départ pour l'étude de l'ecclésiologie du Nouveau Testament. Devrions-nous demander « Où commençons-nous ? » Notre parcours est déjà tracé, en onze petits versets, pas moins. Je parle d'Actes 2 : 37-47, des versets qui décrivent au moins sept caractéristiques fondamentales de l'église nouvellement formée à Jérusalem. D'où le titre: Sept marques d'une église du Nouveau Testament. Voici ma traduction de ces versets :[1]

> *Quand ils ont entendu cela, ils ont été blessés au cœur et ont dit à Pierre et aux autres apôtres: « Frères, que devrions-nous faire ? » Pierre leur a dit: « Repentez-vous et soyez baptisés tous au nom de Jésus. Christ afin que vos péchés soient pardonnés et que vous receviez le Saint-Esprit en cadeau. Car la promesse est pour vous, pour vos enfants et pour tous ceux qui sont loin, tous ceux que le Seigneur*

---

1   Comme on a noté dans les premières pages, la traduction en anglais par l'auteur de grec est traduit directement en français.

v

notre Dieu appelle à lui. » Et il témoigna avec de nombreux autres arguments et les exhorta, en disant : « Soyez sauvés de cette génération corrompue ! » Ainsi, ceux qui ont accueilli son message ont été baptisés et ce jour-là, environ trois mille personnes ont été ajoutées au groupe.

Ils se sont consacrés à l'enseignement des apôtres, à la fraternité, à la fraction du pain et aux prières. Un profond sentiment de crainte les envahit tous et les apôtres accomplirent de nombreux miracles et miracles. Tous les croyants ont continué à travailler en étroite collaboration et ont partagé tout ce qu'ils avaient entre eux. Ils vendraient leurs biens et leurs biens et distribueraient l'argent entre tous, selon les besoins de chacun. Jour après jour, ils vénéraient ensemble dans le temple et prenaient leurs repas ensemble dans leurs maisons en mangeant avec un cœur heureux et humble, tout en louant Dieu et en profitant de la bienveillance de tout le monde. Et chaque jour, le Seigneur continuait d'ajouter à leur groupe ceux qui étaient sauvés.

Avant d'examiner ce passage plus en détail, permettez-moi de faire quatre observations brèves mais importantes.

Tout d'abord, vous remarquerez que je n'ai pas intitulé mon livre « Les sept marques d'une église du Nouveau Testament ». Aucun être humain ne peut prétendre à une telle certitude. Ce serait avoir l'omniscience. Nous pouvons, bien sûr, affirmer que nous avons découvert « les » marques de l'église, mais l'article défini n'indique pas la certitude mais l'arrogance. En deuxième lieu, ces sept descriptions d'une église du Nouveau Testament sont valables, quelle que soit l'affiliation confessionnelle de chacun. Après tout, au premier siècle, il n'y avait ni baptistes, ni presbytériens, ni méthodistes, ni catholiques. Je pense que ces marques ne s'appliqueraient pas moins aux méga-églises modernes qu'aux joyeuses églises de maison du premier siècle. Troisièmement, il faut noter que l'église dans Actes 2 n'était pas parfaite. N'oubliez pas que ce n'est pas l'église de Jérusalem qui a initié l'évangélisation de

Samarie ou d'Antioche. Ce flambeau devait être passé aux autres. Même Pierre n'a pas encore compris la place qu'auraient les non-Juifs dans l'église. Pourtant, l'église dans Actes 2 présentait tous les signes vitaux d'une nouvelle vie en Christ. Une église peut être exemplaire et non parfaite. La clé est que cela doit aller dans la bonne direction. Enfin, nous étudierons ces marques dans l'ordre dans lequel le texte nous les présente. Le lecteur appréciera sans aucun doute la progression logique et naturelle.

Je suis plutôt réticent à ajouter au nombre de livres sur les Actes. Mais je veux éveiller les chrétiens à ce que ces premiers disciples de Jésus ont réalisé. Leur histoire est remarquable et nous ferions bien de l'imiter. Il n'y a rien de nouveau ou de profond dans ce que j'ai écrit ici. C'est un livre simple que tout chrétien peut suivre, même le plus récent des croyants. Les citations du Nouveau Testament sont mes propres traductions du grec original.[1] Si vous vous posez la question, les sept caractéristiques dont nous discuterons sont les suivantes :

La prédication évangélique

Le baptême chrétien

L'enseignement apostolique

Les relations authentiques

Les rassemblements centrés sur le Christ

La prière fervente

La vie sacrificielle

Dans le monde entier, un mouvement populaire magnifique mais puissant soulève la question suivante : « À quoi ressemble une congrégation en bonne santé ? » Beaucoup cherchent une définition biblique simple d'une « église ». Peut-être que la première église de Jérusalem peut nous donner des réponses. J'espère que oui.

---

1   Comme on a noté en haut, la traduction en anglais par l'auteur de grec est traduit directement en français.

LA PRÉDICATION ÉVANGÉLIQUE

«Pierre leur a dit: ‹Repentez-vous›.»

Dans ce livre, nous examinons les caractéristiques qui ont marqué l'église primitive dans Actes et comment ces caractéristiques pourraient marquer nos églises aujourd'hui. Pour commencer, il est clair qu'une église du Nouveau Testament est nécessairement une église évangélique. Le premier objectif de l'église est de connecter les gens à Jésus-Christ. C'est ce qu'on appelle la « grande commission » et c'est une bonne nouvelle à tous points de vue. Voici comment Matthew l'a enregistré (Matt. 28: 19-20):

> *Ainsi, où que vous alliez, entraînez tous ceux que vous rencontrez—les habitants de chaque pays—à devenir mes disciples. Marquez-les publiquement par le baptême au nom trinitaire de Dieu : Père, Fils, et Saint-Esprit. Puis enseignez-leur non seulement à la connaissance, mais à la pratique de tout ce que je vous ai commandé. Et pendant que vous faites cela, souvenez-vous : je serai avec vous, jour après jour, jusqu'à la toute fin du monde.*

La version de Mark est la suivante : « Allez partout dans le monde et partagez la Bonne Nouvelle avec tout le monde » (Marc 16 : 15). Proclamer la Bonne Nouvelle de l'Évangile a été un facteur décisif dans la formation et la croissance de l'église primitive. Car c'est ici, lors de l'événement survenu au Calvaire et le premier dimanche de Pâques, que l'église chrétienne se distingue de toutes les religions du monde. Voyez avec quel soin Luc expose ce thème dans notre texte (Actes 2 : 37-41) :

Quand ils ont entendu cela, ils ont été blessés au cœur et ont dit à Pierre et aux autres apôtres : « Frères, que de-vrions-nous faire ? » Pierre leur a dit: « Repentez-vous et soyez baptisés tous au nom de Jésus-Christ afin que vos péchés soient pardonnés et que vous receviez le Saint-Esprit en cadeau. Car la promesse est pour vous, pour vos enfants et pour tous ceux qui sont loin, tous ceux qui le Seigneur notre Dieu l'appelle . » Et il témoigna avec beaucoup d'autres arguments et les exhorta, en disant : « Soyez sauvés de cette génération cor-rompue ! » Ainsi, ceux qui accueillirent son message furent baptisés, et ce jour-là environ trois mille personnes furent ajoutées à le groupe.

Il est clair que le Sauveur ressuscité est désireux d'ajouter de nouveaux membres à son corps. Ainsi, lorsque nous disons que la prédication évangélique est la première marque de l'église, cela signifie qu'une église en bonne santé, comme un corps en bonne santé, grandit sans cesse. C'est pourquoi les premiers chrétiens se sont engagés à mener une action d'évangélisation. Ils étaient fidèles au devoir que leur Maître leur avait confié. Il y avait tout un monde qui attendait la Bonne Nouvelle. Les occasions d'absorber l'amour du Christ dans des cœurs dévastés par le péché abondaient. Et les premiers chrétiens en ont profité. C'est le genre d'engagement qui fait la force au XXIe siècle, comme il l'a fait au premier.

Bien sûr, il existe une façon totalement différente de consi-dérer la « prédication » aujourd'hui, et il serait utile que nous l'examinions brièvement. La tendance de ces dernières années est d'appliquer le terme « prêcher » au sermon moderne de trente mi-nutes prononcé le dimanche matin. C'est le pasteur, nous dit-on, et non l'évangéliste, qui est en vue lorsque l'idée de prédication est à l'étude. Cette compréhension ne tiendra pas. En premier lieu, il ressort clairement du Nouveau Testament que la prédication a lieu dans un contexte évangélique. Les sermons dans les Actes en sont de bons exemples. Notez que ceux qui ont été perdus, pas ceux qui ont été sauvés, ont été les objets de la prédication de Pierre le jour de la Pentecôte. Et c'est donc ailleurs dans les Actes. En second lieu, qualifier de «prédicateurs» les pasteurs du Nouveau Testament, c'est ignorer les textes bibliques qui décrivent systématiquement le rôle du pasteur en tant qu'enseignant. Deux textes sont de la plus haute importance ici : Eph. 4 : 11 («Et il en donna à être apôtres, des prophètes, des évangélistes et des *pasteurs-enseignants…* ») et 1 Tim. 3 : 2 (« Maintenant, un surveillant doit être irréprochable, mari d'une seule femme, tempéré, sensible, respectable, hospitalier, *capable d'enseigner…* »). Si, par conséquent, nous conservions la propre perspective du Nouveau Testament sur le rôle de pasteur, nous devons nous garder d'appliquer le terme «prédication» à ce qui se passe lorsque les croyants se rassemblent pour une édification mutuelle. La prédication n'est ni la tâche unique ni la tâche première des enseignants-pasteurs. La prédication est tout simplement partageant la Bonne Nouvelle, et les premiers croyants ont eu un tel succès qu'ils ont été accusés de «bouleverser le monde» (Actes 17 : 6). Les chrétiens du Nouveau Testament voyaient dans l'évangélisation audacieuse le but pour lequel l'église existait.

Mais qu'est-ce que l'évangélisation? Et comment se pratique-t-il aujourd'hui? Il y a au moins cinq caractéristiques qui marquent toujours une évangélisation authentique. Laissez-nous les examiner un peu plus près.

Un message exaltant le Christ est peut-être la première caractéristique qui nous frappe. L'évangélisation n'est ni un système ni une méthode. C'est simplement mettre les gens face à face avec une personne. C'est partager la bonne nouvelle de ce que Dieu a fait en Jésus-Christ par sa mort et sa résurrection. C'est l'histoire merveilleuse de la façon dont Dieu sauve les gens dans leurs besoins et les transforme en une nouvelle société. Et remarque : il n'y a rien de superficiel à propos de ce message. L'Évangile est un message qui change la vie, et les chrétiens qui ont bouleversé le monde le savaient.

Comprenons-nous vraiment ce message et pouvons-nous le partager avec d'autres? Il serait sage de conserver dans nos mémoires certains versets clés des Écritures qui résument l'Évangile. Un bon exemple est 1 Cor. 15 : 1-4. Nous voyons ici que Paul avait une assurance profonde de la vérité de ce qu'il prêchait, et en particulier de la réalité de la mort, de la mise au tombeau, de la résurrection et des apparitions de Christ après sa résurrection. La conversion est impensable sans une telle compréhension de la signification du Calvaire et de la tombe vide. Un autre passage est Rom. 10 : 9-10. À moins de confesser Jésus en tant que Seigneur et de croire que Dieu l'a ressuscité des morts, nous ne pouvons être sauvés. Le contenu intellectuel de la foi qui sauve peut être aussi simple que « Jésus est Seigneur » (1 Cor. 12 : 2). Cette confession est en effet au cœur de toute vraie conversion.

Nous devons alors nous immerger dans la Parole que nous proclamons. C'est un âge de relativité, mais les gens réclament la vérité. C'est à nous de leur expliquer l'évangile avec des mots qu'ils peuvent comprendre. Comme les premiers chrétiens, nous devons découvrir la nécessité d'une présentation centrée sur Jésus, aussi flexible que puisse être notre méthode d'évangélisation. Cela signifie que, comme les apôtres dans les Actes, nous devons toujours chercher à exalter Christ dans notre prédication. Les premiers chrétiens ont été consumés avec une passion pour Jésus. Personne d'autre n'était si important pour eux. Si les gens ont vraiment trouvé la Bonne Nouvelle, ils seront toujours impatients de parler aux autres de Jésus et de son amour. Et il n'y a rien d'aussi attrayant dans ce monde qu'une église dans laquelle Jésus est exalté.

Une deuxième caractéristique qui se distingue lorsque nous pensons à l'évangélisation est sa *dépendance à l'Esprit*. Comme David Wells le dit dans son livre *God the Evangelist* (Dieu l'évangéliste), c'est le Saint-Esprit qui initie, motive et renforce l'évangélisation. En effet, le Saint-Esprit est l'acteur suprême du livre des Actes et il était la source de pouvoir dans la vie des premiers disciples. C'est l'Esprit qui a lancé la première campagne d'évangélisation le jour de la Pentecôte (Actes 2 : 38 et suivants), et c'est l'Esprit qui a ému le cœur des croyants à Antioche pour commencer à évangéliser l'Asie mineure (Actes 13-14). . Le même thème est apparent tout au long des Actes. Ces disciples de Jésus vivaient dans une dépendance totale du Saint-Esprit. Rien n'était autorisé à entraver sa puissance dans leurs vies.

Et nous? Nous savons peu de choses sur la présence et la puissance de l'Esprit aujourd'hui. Nous comptons plutôt sur nos méthodes, notre éducation et nos finances. Peut-être n'est-ce pas un défi plus grand pour l'église contemporaine que de se repentir de notre dépendance excessive à l'égard de stratégies évangéliques d'origine humaine. Les premiers chrétiens ont cherché à être remplis de l'Esprit (Éphésiens 5 : 18) et à lui obéir (Actes 5 : 32). Gagner des âmes était aussi simple que cela pour eux. Ils savaient que l'évangélisation était impossible sans rester en étroite communion avec leur guide invisible. Si nous voulons voir une résurgence de la ferveur évangélique qui a caractérisé l'église primitive, nous devons avoir le même engagement. A. W. Tozer, le professeur célèbre de la Bible, est très explicite sur le rôle de l'Esprit dans l'évangélisation (*Paths of Power*, p. 9):

> L'église a commencé au pouvoir, s'est déplacée au pouvoir et a déménagé aussi longtemps qu'elle a eu le pouvoir. Quand elle n'avait plus le pouvoir, elle chercha la sécurité. Mais ses bénédictions étaient comme la manne. Quand ils ont essayé de le garder du jour au lendemain, il a créé des vers et puant. Nous avons donc eu le monachisme, la scolastique, l'institutionnalisme - tous révélateurs d'une chose: l'absence de pouvoir spirituel. Dans l'histoire de l'église chaque retour au Nouveau Testament a été marqué par une nouvelle avancée quelque part, par une nouvelle proclamation de l'Évangile et par un regain de zèle missionnaire.

Nous devons prendre cet avertissement au sérieux. Tout comme le Saint-Esprit a chargé Jésus de servir et lui a donné le pouvoir de témoigner, de même il désire faire la même chose dans nos vies aujourd'hui. Le livre des Actes montre ce que Dieu peut faire à travers des hommes et des femmes qui sont responsabilisés par l'Esprit. Si vous le permettez, l'Esprit viendra témoigner de Christ à travers vous. C'est la promesse de notre Seigneur (Actes 1 : 8).

Une troisième caractéristique de l'évangélisation qui était très évidente chez les premiers chrétiens est son *caractère d'égalité des chances*. Ce n'était pas une tâche qui était déléguée aux seuls dirigeants. Tous devaient partager la Bonne Nouvelle avec leurs voisins. Ainsi, Jude peut exhorter ses lecteurs à «en sauver quelques-uns en les arrachant du feu» (Jude 23), tandis que Paul peut féliciter les nouveaux croyants Thessaloniciens d'avoir «annoncé la Parole de Dieu» (1 Thés. 1 : 8). Chaque croyant devait faire le travail d'évan-gélisation où qu'il aille. Maintenant, si chaque chrétien est appelé à témoigner, et si chaque église a une mission mondiale à sa porte, pourquoi ne nomme-t-on que certaines personnes « missionnaires » et pourquoi les conseils d'administration et les agences essaient-ils de faire le travail de l'église locale? Dans le nouveau testament, rien n'indique que les premiers chrétiens considéraient l'évangélisation comme relevant de la responsabilité de certains professionnels. Bien sûr, les personnes et les agences qui travaillent avec et par l'église locale peuvent être considérées comme s'acquittant de leur respon-sabilité de mission. Mais en réalité, chacun de nous devrait être un « missionnaire à plein temps ».

Nous pourrions aller beaucoup plus loin. J'ai essayé de le faire dans mon livre *Will You Join the Cause of Global Missions?* (Voulez-vous rejoindre la cause des missions mondiales ?). Jésus lui-même était le missionnaire ultime et il a confié à ses disciples des missions mondiales. Même si nous ne pouvons pas nous rendre dans un pays étranger, les « régions les plus reculées du monde » nous sont parvenues. Il suffit de regarder n'importe quel collège ou campus universitaire aujourd'hui. Les missiologues appellent cela « des missions mondiales à l'envers », mais ce n'est pas moins des missions. C'est pourquoi j'ai été si heureux d'entendre que l'un de mes doctorants du Nouveau Testament a récemment été invité à enseigner la communication dans une université laïque. J'imagine qu'il fera plus que diffuser des informations. Je peux le voir se livrer à des actes fastidieux d'amour missionnaire simplement parce qu'ils sont nécessaires. Après tout, partager sa foi, c'est simplement aider une autre personne à faire un pas de plus vers Jésus. Si vous voulez une évangélisation dans votre église, ne faites pas appel à un évan-géliste professionnel. Équipez votre peuple pour le témoignage de l'évangile. Les résultats vont vous étonner.

En quatrième lieu, l'évangélisation dans le Nouveau Testament a toujours été caractérisée par une préoccupation réelle pour les besoins sociaux des personnes perdues. Quand j'étais au séminaire, il y avait beaucoup de méfiance entre ceux qui mettaient l'accent sur le salut personnel dans l'évangélisation et ceux qui mettaient l'accent sur le soi-disant évangile social. Les deux, cependant, sont indivisibles. John Stott écrit dans son ouvrage exceptionnel intitulé *Balanced Chrisianity* (Christianisme équilibré) (p. 46) :

> Il est vrai que le Seigneur Jésus ressuscité a laissé à son église une grande mission de prêcher, d'évangéliser et de faire des disciples. Et cette commission est toujours contraignante pour l'église. Mais la commission ne remplace pas le commandement, comme si « tu aimeras ton prochain » serait remplacé par « tu prêcheras l'évangile ». Cela ne réinterprète pas non plus l'amour du prochain en termes exclusivement d'évangélisation. Au contraire, cela enrichit le commandement d'aimer notre prochain en y ajoutant une nouvelle dimension chrétienne, à savoir le devoir de lui faire connaître le Christ.

Cela vaut la peine de réfléchir un instant sur ce que Stott dit. Par exemple, pourquoi la communauté païenne d'Antioche a-t-elle inventé le terme de «chrétiens» pour décrire les adeptes du Chemin au milieu d'eux (Actes 11 : 26) ? N'était-ce pas leur nouveau « mode de vie », leur comportement semblable à celui du Christ? Ces « chrétiens » n'étaient rien d'autre que les mains et les pieds de Jésus dans leur monde. Ils ont proclamé et ont pris soin. Et ce devrait être le même avec nous aujourd'hui. Nous séparons l'évangélisation et les soins sociaux de notre propre détriment. Personne ne peut être un chrétien authentique sans laisser le Christ servir les autres à travers lui. Bien sûr, proclamation de l'Évangile est primordiale. Pourtant, la proclamation sans présence est un échec et les premiers chrétiens n'en étaient certainement pas coupables.

Nos églises doivent retrouver cet équilibre si nous voulons que notre évangélisation soit réussie de nos jours. Rien n'authentifie l'Évangile autant qu'une passion pour les besoins des gens et une implication dans leurs luttes quotidiennes. Je pense au centre de santé que ma femme et moi avons créé en Éthiopie il y a plusieurs années. Les gens sont venus pour la guérison et beaucoup d'entre eux sont repartis. Il n'était pas nécessaire de convaincre les patients de leur situation physique difficile. Ils étaient bien conscients de ça! Ils avaient besoin de comprendre que Jésus se souciait de toute leur personne - corps, âme et esprit. Beaucoup ont trouvé le propre exemple de Jésus utile à cet égard. Matt 9 : 35 est un texte classique : « Alors Jésus parcourut toutes les villes et villages, enseignant dans leurs synagogues, proclamant la bonne nouvelle du royaume et guérissant toutes les maladies et toutes les maladies ». Non seulement il a nourri les multitudes, il leur a aussi indiqué où qu'on trouve le Pain de Vie! La compassion sociale n'est donc pas un supplément facultatif pour ceux qui aiment ce genre de chose. C'est absolument essentiel. Nous ne devons pas surestimer l'engagement social, mais nous ne devons pas non plus le mépriser. En bref, si vous croyez en Jésus-Christ, vous pouvez difficilement ignorer les besoins sociaux des personnes.

Il y a une dernière caractéristique de l'évangélisation dans l'église primitive qu'il serait insensé de négliger, c'est *l'accent mis sur les mesures de suivi*. Il serait impossible d'exagérer l'importance de la postcure dans la vie de l'église primitive. Les premiers chrétiens ne se sont pas contentés de la tactique du hasard de certains évangélistes des temps modernes. Remarquez comment le suivi est décrit dans Actes 2 : 41-42 :

> *Ainsi, ceux qui ont accueilli son message ont été baptisés et ce jour-là, environ trois mille personnes ont été ajoutées au groupe. Ils se sont consacrés à l'enseignement des apôtres et à la fraternité, à la fraction du pain et aux prières.*

Les nouveaux croyants ont besoin d'enseignement et de camaraderie, et l'église primitive s'est efforcée de veiller à ce que ces besoins soient satisfaits. Cela a beaucoup à dire à l'église moderne. Je ne peux pas m'empêcher d'être frappé par la façon dont nous sous-estimons les soins post-opératoires. Cela me surprend que certains puissent prétendre « vingt professions de foi » et ne témoigne pas de la manière dont ces nouveaux convertis sont nourris. Il est intéressant de noter que le baptême semble avoir été administré immédiatement après la profession de foi. Nous verrons dans notre prochain chapitre à quel point cet acte d'obéissance est important. Il suffit de dire ici que dans notre empressement à prendre des « décisions » pour Christ, nous échouons trop souvent à faire des « disciples » comme il nous est commandé de le faire (Matt. 28 : 19-20). À moins d'un suivi attentif, il est peu probable que la profession devienne.

Dans les chapitres suivants, nous examinerons en détail cette question de suivi. Mais il y a un dernier point que je souhaite aborder dans ce chapitre. Comme nous l'avons vu, le livre des Actes contient une quantité énorme d'évangélisation. Cela n'a rien d'étonnant à la lumière des paroles de Jésus: « Vous serez mes témoins » (Actes 1 : 8). Dans Actes, le témoignage est central. C'est un signe de vie spirituelle authentique, et c'est notre priorité absolue. Il ne suffit pas de dire: « Je suis un disciple de Jésus ». Si nous suivons Jésus, nous deviendrons ses témoins. Et pourquoi ne pouvons-nous pas faire cela? Si nous n'accordons pas la plus haute importance à l'évangélisation, comme l'ont fait les premiers chrétiens, nous en récolterons les conséquences pour notre négligence. L'évangélisation est l'instrument suprême de la croissance de l'église. C'est la raison pour laquelle l'église primitive en a fait une si grande priorité et c'est pourquoi nos églises doivent faire de même. Si nous voulons tirer parti de l'exemple de ces premiers chrétiens, il y a peu de domaines sur lesquels nous devons accorder une plus grande attention que la façon dont ils ont partagé avec joie et passion la Bonne Nouvelle avec d'autres. Une fois que nous avons saisi leur joie et leur passion, il nous sera impossible de nous asseoir et de nous reposer sur nos lauriers.

2 LES BAPTÊMES DES CHRÉTIENS

«Alors ceux qui avaient accueilli son message furent baptisés, et que jour, environ 3 000 personnes ont été ajoutées à leur nombre».

La deuxième marque notable est impossible à douter de la vie de l'église primitive est l'importance que les premiers croyants attachent au baptême chrétien. Il est difficile pour nous aujourd'hui de réaliser le changement de vie et l'importance de cet événement de notre point de vue 2000 ans plus tard. Nous avons à peine avoir la moindre idée de ce que cela signifiait de prendre une mesure aussi radicale obéissance. Le baptême aujourd'hui n'est souvent qu'une cérémonie à laquelle il faut clouer à notre conversion, parfois des mois, voire des années après nous viennent la foi. J'ai même entendu parler de personnes qui remettent leur baptême à plus tard jusqu'à ce qu'ils puissent se rendre en Israël pour se faire «baptiser où Jésus a été baptisé. »Peut-être que Philippe aurait dû commander le char pour faire demi-tour afin que son converti éthiopien puisse être baptisé au Jourdain!

Tant de chrétiens le manquent à ce stade. Mais l'église primitive n'avait aucun doute sur l'importance du baptême. Beaucoup pourrait être dit de la pratique du baptême dans l'église primitive, mais six traits en particulier semblent émerger d'une lecture du livre des actes. Le premier est l'immédiateté du baptême. Ce que je veux dire, c'est ceci.

Dans le livre des Actes, vous trouverez parfois une conversion accompagnée du don de parler en langues. Mais à chaque étape de l'avance de la première église, les nouveaux convertis ont été baptisés. C'était la partie intégrante de leur expérience de salut. Vous avez été sauvé et vous êtes mouillé (voir Actes 2:41; 8: 12-13, 36-38; 9:18; 10: 44-48; 16:15, 33; 18: 8; 19: 4-5; 22h15). C'est un fait indéniable que les premiers Les chrétiens pensaient que le baptême était une partie vitale de la vie du chrétien à tel point que le baptême a été administré le plus tôt possible.

Les baptêmes après qu'une personne est venue à croire en Christ. Le manque d'instruction a fait ne les arrête pas.

La raison pour laquelle cela ne les a pas arrêtés est liée, dans une seconde lieu, avec la signification du baptême. Paul le dit clairement dans Rom. 6: 1-4 ce que signifie baptême. Le baptême est une merveilleuse représentation de la Identification initiale de Christian avec Christ. Il dépeint le croyant mourant et ressuscitant avec Christ "pour marcher en nouveauté de la vie" (6: 4). C'est l'insigne du Messie, si vous voulez, du nouveau peuple de Dieu. Le baptême est en outre un signe du travail de l'Esprit. À la conversion,les croyants font l'expérience du baptême du Saint-Esprit. «Par un seul esprit nous avons tous été baptisés dans un seul corps », est la façon dont Paul le décrit dans 1 Cor. 12h13. Le baptême d'eau est un symbole de la réception de la Saint-Esprit dans nos vies et de notre identification avec le Christ corps, l'église locale. Le baptême d'esprit et le baptême d'eau vont donc de pair. Ce sont les deux faces d'une même pièce. Donc Paul peut écrire aux croyants d'Éphèse: «Il y a un Seigneur, une foi et un baptême »(Eph. 4: 6). «Mais Paul, demandez-vous, à quel baptême êtes-vous? se référant - Esprit ou eau? «Une telle question aurait à peine premiers chrétiens, parmi lesquels le baptême (comme nous l'avons dit) a été administré le plus tôt possible après la profession de foi. L'expression «croyant non baptisé» aurait été un mot oxymoron à eux! Le baptême spirituel est évidemment venu en premier, mais c'était suivie, le plus tôt possible, par un baptême d'eau.

Je crois que les églises aujourd'hui feraient bien de suivre cette modèle. Je me rends compte que le modèle baptême-puis-instruction est contre-intuitif. De nombreuses églises, y compris certaines du monde majoritaire, pense qu'il vaut mieux retarder le baptême après une période d'enseignement intense. Après tout, c'est raisonné, comment pouvons-nous juger de l'authenticité de profession d'une personne sans période d'initiation et d'essai?

Humainement, je ne suis pas du tout en désaccord avec cette façon de penser. Pour moi, c'est à la fois logique et pratique. Mais le vrai La question est: que disent les Ecritures? Telle est la question que nous devons demandez toujours. Et quelle est la réponse scripturaire? Il y a au moins deux raisons bibliques pour lesquelles le baptême chrétien devrait suivre la conversion immédiatement. Le premier est le commandement de notre Seigneur lui-même. Dans Mat. 28: 19-20, Jésus nous a donné des instructions claires. Notez la commande: baptiser, puis enseigner. Cette commande n'est pas optionnelle. Nous n'avons pas droit de l'inverser! Mais il y a une deuxième raison pour laquelle nous devrions insister sur le baptême immédiat, et c'est le modèle qui nous est présenté par l'église primitive. Lorsque nous examinons la manière dont les premiers chrétiens ont cherché à remplir la Grande Commission, nous constatons un remarquable contraste avec la façon dont nous faisons les choses dans l'église moderne. Conformément au commandement de leur Seigneur, l'église primitive n'a pas interposé une période de catéchisme entre conversion et baptême.

L'eunuque éthiopien (Actes 8) et le geôlier philippin (Actes 16) en sont de bons exemples. Nous devrions donc nous méfier des modifier nos pratiques pour les adapter à notre propre logique. En effet, «Quel Dieu s'est unie, que l'homme ne se sépare pas ». L'exemple de lal'église primitive nous appelle à nous repentir, puis à appliquer le modèle du baptême immédiat avec un sérieux renouvelé.

Le troisième trait du baptême chrétien est sa distinction entre baptême juif. Le baptême pour les croyants du Nouveau Testament était très différent des lavages juifs avec lesquels les premiers chrétiens, être juif, étaient familiers. Deux choses en particulier placent le baptême chrétien en dehors du baptême juif.

En premier lieu, le baptême chrétien n'a jamais été auto-administré. Il a toujours été joué par un autre. Quelle image merveilleuse de notre salut! L'agent en notre salut est Christ; nous ne sommes que des destinataires. De plus, nous pouvons ne contribue en rien à notre salut; c'est un don de grâce qui ne peut pas être gagné mais seulement reçu.

La seconde manière de distinguer le baptême chrétien du baptême juif est le fait qu'il était irremplaçable. C'est un événement unique. Les baptêmes juifs ont eu lieu fréquemment. Ce n'était pas le cas du baptême chrétien. Si important était cette distinction que l'auteur des Hébreux considère qu'il s'agit d'une des six vérités fondamentales du christianisme (voir Hébreux 6: 2). Ici "instruction sur les lavages »se réfère à la différence entre le baptême chrétien et des rites juifs similaires tels que le baptême du prosélyte, le baptême de Jean, et les baptêmes de la secte Qumran. Scripturale ment parlant, il n'est qu'un baptême pour les chrétiens et il n'est pas nécessaire de le répéter.

Quatrièmement, en lisant le livre des Actes, on est frappé par le Caractère public du baptême chrétien. Le jour de la Pentecôte, par exemple, nous lisons qu'environ 3 000 croyants ont été baptisés. L'archéologie suggère que ces nouveaux convertis ont profité des nombreuses Piscines baptismales (mikvot) situées près de l'entrée du temple, un lieu très public en effet. Les amis et les parents des baptisés ont sans aucun doute été témoins de cette étape d'obéissance. Clairement ces chrétiens n'avaient pas honte d'exhiber leur foi publiquement. Et leur exemple est un rappel poignant pour nous aujourd'hui que le baptême doit être un acte observable dans la mesure du possible. C'est un pourrait-on dire, le «gage d'allégeance» du chrétien à Jésus-Christ.

Pour utiliser une analogie légèrement différente (bien que liée): le baptême est la bague de mariage que nous plaçons sur notre doigt lors de notre cérémonie de mariage. La bague à notre doigt ne nous fait pas marier. C'est simplement un symbole, et un beau à cela, que nous sommes mariés. Nous n'attendons pas une semaine, un mois ou un an après la cérémonie de mariage pour commencer à porter notre bague. Au contraire, nous désirons de faire savoir au monde entier que nous ne sommes plus célibataires.

Le baptême est comme cette alliance. C'est une marque, impressionné sur nos corps physiques, qui dit au monde entier que nous sommes plus seul: nous appartenons à un autre, et nous appartenons aussi à aux gens, il appelle les appelle son corps. Mon propre baptême à Hawaii était un évènement très public: il s'est déroulé à

Kailua Beach où j'ai nagé et surfé du quotidien! Je n'oublierai jamais ma consternation lorsque, plusieurs années plus tard, notre l'église a décidé de construire un baptistère à l'intérieur. «C'est plus pratique que d'aller à la plage», m'a-t-on dit. Plus pratique, oui, mais plus scripturaire? Pourquoi devrions-nous déplacer nos baptêmes à l'intérieur et abandonner une occasion en or de dépeindre l'Evangile à nos voisins et amis non sauvés? Je n'ai pas encore obtenu de réponse satisfaisante à cette question.

Une cinquième observation sur le baptême chrétien n'est peut-être pas si évident mais implicite dans ce que nous lisons dans le livre des Actes.

Et c'est sa nature égalitaire. Je veux dire par là que quiconque qui était né de nouveau pouvait le recevoir, et quiconque avait être né de nouveau pourrait l'administrer. Le baptême était pour Juif et pour Helléniste, pour les riches et pour les pauvres, pour les jeunes et pour les vieux, pour les hommes et pour les femmes. Aujourd'hui, on pourrait dire que le baptême chrétien est pour conservateur et pour libéral, pour républicain et pour démocrate, pour Blancs et pour les Hispaniques, pour les croyants instruits à la maison et pour croyants éduqués par le gouvernement. Baptême, comme le souper du Seigneur Le souper (voir le chapitre 5) est le grand égalisateur pour le chrétien. Nous tous passent par les eaux du baptême, et nous sommes tous obligés (et, pourrais-je ajouter, permettre) de marcher dans la nouveauté de la vie. La décision de se faire baptiser était bien entendu individuelle, mais le salut signifiait l'intégration dans une communauté de «ceux qui étaient sauvé » (Actes 2:47). Et qui a administré le baptême? Il n'y a aucune preuve de Actes ou des épîtres du Nouveau Testament que cette responsabilité reposait uniquement sur les épaules des apôtres ou «dirigeants ordonnés». Cela ne devrait pas nous surprendre. L'essence de tout le Nouveau Testament l'enseignement sur le leadership d'église est que les leaders doivent être des facilitateurs.

Ils ne doivent pas faire le travail du ministère autant qu'ils doivent le faire. préparer les autres à faire ce travail (voir Eph. 4: 11-12). Ils sont comme Les équipes de ravitaillement NASCAR qui pomperont de l'essence pour vous afin que vous puissiez conduire

dans la course. Bien que je n'aie jamais été ordonné, j'ai eu la privilège de baptiser mes propres enfants. Peut-être que vous avez eu un
expérience similaire. Certains peuvent objecter: «Mais le baptême
devrait sûrement être administré par des ministres convenablement
ordonnés! ». Ma réponse est que Je ne peux trouver aucune preuve
de cette conclusion dans les Ecritures. Christian Les «ministres»
ne sont ni plus ni moins qu'un autre membre du clergé du corps
du Christ. Quand il est suggéré que seul le clergé ordonné peut
baptiser de nouveaux croyants, c'est quelque chose qui est assez
étranger à le Nouveau Testament, qui voit tous les croyants comme
des prêtres du très Grand dieu. En effet, la Grande Commission
- Aller, baptiser, et l'enseignement - appartient à chaque chrétien,
pas à aucun ministre groupe. Sommes-nous, alors, pour limiter le
ministère du baptême a ordonné le clergé? Nous pouvons le faire si
nous le souhaitons, mais nous ne trouverons aucun mandat le Nouveau Testament pour notre position. Comme Eduard Schweitzer le
note dans son livre Ordre de l'Église dans le Nouveau Testament (p.
186), «Les apôtres ne baptisez pas en règle générale (Actes 10:48,
cf. 19: 5 à côté de 6a, 1 Cor. 1: 14- 17). Les membres ordinaires de
l'église le font (Actes 9:18). »Paroles de Schweitzer sont la sagesse
pour aujourd'hui. Nous ferions bien de les écouter.

Il est instructif de noter, à la sixième et dernière place, que le
baptême chrétien a nécessité du courage. Cela a vraiment mis les
premiers chrétiens sur place! Il n'est pas étonnant que le baptême
soit l'apogée de tous les sermons évangéliques dans les Actes. Le
baptême est la façon dont l'église primitive l'engagement - pas par
la main levée ni pour se promener dans une allée ou signer une
carte d'engagement. L'acte était simple mais profond. «J'ai décidé
de suivre Jésus», tel est le chemin la vieille chanson le dit. «Je brûle
mes ponts. Il n'y a pas de tournant retour. «Dire cela, et dire cela
publiquement, va prendre des cargaisons de courage. Mais Dieu
merci, il «ne nous a pas donné un esprit de peur, mais de pouvoir,
d'amour et d'un esprit sain » (2 Tim. 1: 7)!

Voici six choses que les premiers croyants ont appréciées pour
leur vie et le ministère. Nous avons beaucoup à apprendre d'eux
aujourd'hui. Le baptême est une image merveilleuse de notre

union avec Christ. C'est en quelque sorte le «Prix d'admission» dans l'église. C'est le premier acte de Christian l'obéissance, le symbole que nous avons remis l'ancienne vie et avons été élevé pour marcher dans la nouveauté de la vie. Il y a de nombreuses preuves que l'église primitive considérait le baptême comme un moyen d'initiation dans l'église. Les 3000 convertis du jour de la Pentecôte étaient ainsi formés dans une communauté distincte - une camaraderie apostolique basée sur l'enseignement apostolique. Si nous voulons apprendre quelque chose de ces premiers chrétiens, nous devons découvrir à nouveau la signification et bénédiction du baptême chrétien. Avez-vous déjà reçu, au total indignité et gratitude adorante?

Il ne serait pas approprié de conclure ce chapitre sans attirer l'attention sur deux points de désaccord concernant les chrétiens baptême qui existe parmi les disciples engagés de Jésus. La première La question concerne les destinataires du baptême chrétien: faut-il baptiser les bébés aussi bien que les adultes? La deuxième question concerne le mode de baptême approprié: l'immersion est-elle la seule mode scriptural de baptiser une personne, ou l'arrosage est-il également autorisé?

Ma propre conviction est que le baptême biblique est réservé aux croyants. par immersion seulement. Mais comment ai-je eu cette conviction?

Et comment devriez-vous arriver chez vous?

Je tiens ma position à propos du baptême pour trois raisons: l'éducation et l'arrière-plan, la formation et la bible personnelle. J'ai toujours été baptiste. J'ai été converti à l'église baptiste , et j'ai fréquenté les églises baptistes depuis. C'est mon éducation et les antécédents, dont ni l'un ni l'autre ne garantit que mes convictions soient correctes.

En second lieu, il y a ma formation. Mon éducation a renforcé mes convictions personnelles sur le baptême. L'université Biola et l'école de théologie Talbot (où j'ai reçu mon B.A. et mon M.Div. diplômes, respectivement) étaient des institutions de L'enseignement supérieur. Même quand je suis allé à l'Université de Bâle en Suisse pour mon degré de Théol., j'ai encore rencontré des théologiens

Baptiste . Je n'oublierai jamais de siéger aux conférences de Markus Barth sur l'Évangile de Marc et l'entendre défendre le baptême du croyant, non une fois mais plusieurs fois et très longuement. Et ceci dans un Université réformée! Markus Barth était à peine seul dans ses vues.

Son célèbre père, Karl Barth, s'était longtemps opposé au pédobaptisme (baptême des enfants en bas âge) et même publié un livre sur le sujet (L'enseignement de l'Église concernant le baptême).

Enfin, il y a la question sur mon étude personnelle des Écritures. Quelles orientations peuvent offrir les Actes? Je soutiens que le livre des Actes ne fait pas spécifiquement référence au baptême des nourrissons. « Les nourrissons ou les jeunes enfants incapables de croire et de se repentir. Chaque fois que le livre des Actes parle de baptême, ce n'est jamais un baptême sans foi et repentance. Le baptême des enfants n'a tout simplement aucun sens si vous croyez qu'une décision éclairée est nécessaire pour être sauvé.

Quelle devrait être votre position sur ces questions controversées?

Il me semble que votre vision sera façonnée par les trois facteurs même qui ont façonné le mien: votre éducation et vos antécédents, votre formation, et (le plus important de tous) votre étude personnelle de l'Écriture. Beaucoup ont été écrit sur le sujet, et il doit être avoué qu'une bonne partie repose davantage sur des hypothèses que sur la lutte avec le texte de l'Écriture. Comme nous mûrissons dans La vie chrétienne, la doctrine devient parfois plus confuse, non Moins. Il serait sage de ne pas prendre notre décision sans sérieuse prière et étude biblique. Et même si nous devons accepter d'être en désaccord avec le baptême chrétien de nos frères sur ces questions, ce n'est toujours pas une raison pour le démembrement du corps du Christ. Quand Paul et Barnabas sont tombé l'un avec l'autre (le Grec d'Actes 15:39 implique un désaccord »), ils continuaient toujours leur travail missionnaire et le travail respective.

Nous devons faire de même chaque fois que nous sommes confrontés à des désaccords internes. Je suis si reconnaissant pour l'exemple de Bo Reicke, mon «docteur père» Bâle, qui m'a nourri en tant que jeune universitaire. Cet homme étonnant était un luthérien engagé et pourtant il pourrait travailler avec un baptiste engagé. Il n'avait pas seulement un esprit d'érudit, mais aussi un cœur de pasteur.

Aujourd'hui, je suis heureux de pouvoir lui rendre l'honneur qui lui est dû. Unité ne demande pas l'uniformité. Mais cela implique une interdépendance.

Si l'église ne l'expose pas, cela contredit le même évangile de la réconciliation.

3 ENSEIGNEMENT APOSTOLIQUE

«Ils se sont consacrés à l'enseignement des apôtres.»

Nous arrivons maintenant à la troisième marque d'une église du Nouveau Testament, et c'est son engagement à la vérité biblique. L'un des aspects les plus faibles du christianisme occidental est notre incapacité à donner un enseignement approprié aux nouveaux convertis. En conséquence, la manque de compréhension de base de la Bible, souvent appelée l'analphabétisme biblique, sévit dans l'église amérique. C'est une faiblesse de certaines églises traditionelles et souvent dans les églises évangéliques aussi.

Je me souviens d'une fois siéger à un comité d'examen pour un étudiant de niveau doctoral dans le Nouveau Testament. Il avait maîtrisé beaucoup de faits informations sur le Nouveau Testament - les solutions majeures à le problème synoptique, les écoles différentes de critique textuelle, le contexte de la correspondance corinthienne, et ainsi de suite – mais il a complètement omis de fournir des références quand je lui ai cité dix versets bien connus du Nouveau Testament. Quand il a plaidé contraintes de temps, je lui ai doucement montré pourquoi il ne suffisait pas de connaître le Nouveau Testament; les diplômés du Nouveau Testament peuvent bien s'attendre à avoir une maîtrise du Nouveau Testament lui-même. Il est ironique que les chrétiens évangéliques, qui sont souvent les plus forts dans leur condamnation de l'analphabétisme biblique, en soient souvent eux-mêmes coupables. L'apprentissage de la doctrine chrétienne de base est une partie vitale de la formation chrétienne. Cela commence par connaître certains faits sur la Bible, mais aussi implique d'obéir aux vérités de l'Écriture. Ce que nous recherchons est une connaissance croissante du Seigneur Jésus-Christ qui changera nos vies entières.

Comme nous le voyons dans notre texte, la nourriture des nouveaux convertis au christianisme est un domaine auquel les premiers chrétiens ont apporté un soin extrême. L'église primitive a *donné la priorité* la parole et l'enseignement apostolique. Nous voyons cette priorité à Jérusalem quand les apôtres ont insisté que c'était leur responsabilité de se donner « au ministère de la parole et de la prière » (Actes 6 : 4). Nous le voyons à Antioche pisidienne lorsque toute l'église s'est réunie « pour écoutez la parole du Seigneur » (Actes 13 : 44). On le voit à Ephèse quand des gens de toute l'Asie sont venus et ont « entendu la parole du Seigneur » pendant les deux ans dans lesquels que Paul avait engagé dans l'enseignement (Actes 19 : 10). En effet, comme la parole « a grand », ainsi que l'église a grandi aussi (Actes 6 : 7). C'est une chose très remarquable. Le christianisme primitif était imparable car il était biblique à la base. Et tout est né de l'enseignement original des apôtres.

A noter que l'église primitive avait un engagement envers les Écritures, pour les connaître et leur obéir, comment les Écritures ont été enseignées? Et qui étaient les professeurs? Nous pouvons dire trois choses.

1. La vérité sur Jésus-Christ a été enseignée à l'origine par les apôtres eux-mêmes—des hommes qui avaient été avec Jésus et qui l'avaient entendu personnellement. Il ressort clairement de leur utilisation de la vieille testament dans leur prédication de l'Evangile qu'ils étaient plongés dans les Ecritures. La Bible était fondamentale pour leur mode de vie. C'est le lait qui les nourrissait (1 Pierre 2: 2) et la viande qui leur a permis de mûrir (Héb. 5 : 12-14). Finalement les apôtres (et leurs assistants) ont produit leur propre littérature – Evangiles et épîtres et même une magnifique prophétie des derniers jours (le livre de la Révélation). Ces premiers croyants n'avaient pas de séminaires ou centres de formation ou des conférences bibliques, mais ils avaient la vérité. Pour eux, la parole de Dieu était «vivante et puissante et plus tranchante que tout épée à double tranchant » (Hébreux 4 : 12).

C'est encore vrai aujourd'hui. Connaissez-vous une église où est un amour pour la parole de Dieu? Ce sera une église où les dirigeants étudient la Bible avec diligence et s'en remettent à elle pour direction. Tel que l'église est également très susceptible d'être une église en croissance, au moins de plus en plus dans obéissance. Récemment, la congrégation de mon église a décidé c'était biblique d'avoir des anciens. Auparavant, nos dirigeants avaient enseigné à travers le livre des Actes, et un modèle clair d'ancienneté a émergé. Finalement, la congrégation s'écria assez: « Pourquoi ne devrions-nous pas les anciens aussi? » Mais plus impressionnant encore était l'amour que nous clairement eu l'un pour l'autre. La question a été pleinement discutée et la décision différée jusqu'à ce que nous ayons eu un esprit commun. Comme quand congrégations nous étudions sa parole (et pas seulement des livres sur sa parole), nous pouvons nous attendre à voir le Saint-Esprit nous conduire dans la vérité et obéissance. Si seulement cela arrivait plus souvent!

2. Une autre chose que nous apprenons en lisant le Nouveau Testament est combien variait le ministère d'enseignement de la première église. De nos jours, nous nous concentrons presque toujours sur le ministère de la chaire. « Je vais à l'église de Dr. Untel » —le bon docteur est généralement noté pour ses prouesses en chaire. Dans une église comme Corinthe ou Philippes, on pourrait s'attendre à trouver un «pasteur principal» connu pour ses «Prédication expositive dynamique.» Mais vous ne trouverez rien de la trier dans les pages du Nouveau Testament. Nous ne connaissons même pas les noms des pasteurs des églises dans le Nouveau Testament. (Timothée et Tite sont souvent appelés à tort «pasteurs».) La raison est claire. Le leadership dans l'église primitive était un ministère partagé. Leurs églises jouissaient d'une « camaraderie de leadership » (le terme est celui de Michael Green). Comme ils étaient sages! Il n'y avait pas de centre de chaire dans ces premières congrégations telles que nous les trouvons aujourd'hui dans tant de nos des églises. L'enseignement formel existait sans aucun doute. Mais cela ne veut pas signifier que les dirigeants ont fait tout le discours. Même Paul, lors de la réunion avec les fidèles de Troas, a engagé dans un dialogue avec son public plutôt que de livrer un long monologue (Actes 20 : 7).

Non seulement ça. Le Saint-Esprit pourrait amener plusieurs orateurs à apporter une parole (1 Cor. 14 : 29), et les croyants eux-mêmes étaient envisagés « enseigner et avertir les uns les autres » (Col 3 : 16). Je crois qu'il n'y a pas une seule leçon, nous devons apprendre plus sérieusement aujourd'hui que l'importance du ministère mutuel en ce qui concerne l'enseignement des Ecritures. Dire cela ne veut pas minimiser le ministère des pasteurs-enseignants. J'ai formé un bon nombre d'entre eux à travers les années! Et qui parmi nous n'a jamais bénéficié d'un message qui était priant, biblique, exaltant le Christ, et livré dans le pouvoir de l'Esprit et avec humilité? Je ne plaide pas non plus en faveur d'une mentalité de « tout peut passer » en ce qui concerne nos rassemblements de croyants. Je plaide simplement pour une telle sensibilité au Saint-Esprit qu'il ne devrait pas être impossible pour l'Esprit de faire passer un message aux gens à travers *n'importe quel* membre de la congrégation qu'il devrait inspirer à parler. Ce n'est pas une chimère de ma part. Je l'ai vu arriver dans de nombreuses congrégations, y compris la mienne. Je crois que la plupart des églises pourraient faire beaucoup plus pour encourager cette perspective. De cette façon, beaucoup de membres de la congrégation seront prêts à mettre dans la pratique l'enseignement d'Héb. 10 : 24-25. Le rassemblement serait passe d'une période d'écoute passive à une occasion de s'engager dans une édification mutuelle. Il n'y a rien d'aussi attrayant dans le monde comme un rassemblement où Jésus est dominant, pas un particulier enseignant, peu importe sa capacité. C'était peut-être le secret suprême de l'église primitive: il insistait pour que Jésus-Christ lui-même, le « pasteur principal » de l'église (1 Pierre 5 : 4), a la première place dans *tout* (Col. 1 : 18).

3. Mais qu'en est-il de l'étude biblique personnelle? Laissez-moi attirer votre attention à un verset merveilleux, 1 Jean 2 : 27a: « Mais l'onction que vous avez reçu du Saint-Esprit reste en vous, et vous ne faites pas besoin de quelqu'un pour vous enseigner ». Avez-vous vu cela? Ce que Jean a dit quand il s'agit d'étudier les Écritures, la balle est finalement dans votre cour. Tout se résume à ceci: si le Saint-Esprit est entré dans votre vie, alors vous avez tout ce dont vous avez besoin pour entreprendre une étude biblique sérieuse.

Alors que va-t-il fait? Je suggère qu'avant de partir plus loin dans ce livre, vous résolviez ceci dans votre vie. Peu importe si vous allez à l'église ou avez votre nom écrit sur une liste de membres. Il s'agit d'être véritablement « né de nouveau » (Jean 3 : 3).

Vous voyez, quand une personne vient à Christ, une nouvelle vie commence. Après avoir trouvé le Christ, nous désirons avant tout arriver à le connaitre de plus en plus. C'est l'essence même de la vie du chrétien. Comme le dit Paul, «mon but est de le connaître» (Phil. 3 : 10). Le faites-vous d'avoir un désir sincère de connaître le Christ, Avez-vous faim et soif pour lui? Ce que je veux demander aux chrétiens qui n'ont aucune envie de lire la Bible est la suivante: connaissez-vous vraiment le Seigneur? L'amour pour le Christ est une marque d'être chrétien. L'étude biblique est donc très utile pour marque de disciple, comment pouvons-nous aimer une personne et ne pas vouloir savoir qui est cette personne?

Et donc je demande: connaissez-vous Christ? Si vous avez des doutes, je veux pour vous indiquer une lettre du Nouveau Testament écrite en particulier pour vous. Nous en avons déjà cité des extraits. John a écrit sa première lettre afin que ses lecteurs sachent qu'ils ont la vie éternelle. Et en cette courte lettre, vous trouverez plusieurs tests par lesquels cette nouvelle vie se rendra transparente. L'apôtre Jean le rend limpide que lorsque nous connaissons personnellement Jésus-Christ, nous commençons une vie d'amitié avec lui—une relation *personnelle* plutôt que *médiatisée,* qui est destinée à devenir de plus en plus riche jusqu'au jour que nous le rencontrons « face à face » (1 Jean 3 : 1). Jean met l'accent sur la suffisance du Saint-Esprit quand il s'agit de connaître la vérité spirituel. C'est lui qui nous donne la compréhension de l'Écriture. Il est celui qui nous permet de grandir dans la connaissance et dans la stature spirituelle. Il est-ce qui illumine nos cœurs et nos esprits non seulement concernant la personne de Christ, mais concernant sa volonté pour nos vies. L'Esprit est donc l'interprète suprême de la parole de Dieu. Une fois que vous comprenez cela, étudier la Bible deviendra une partie importante de votre vie, une discipline que vous pouvez peine se permettre de négliger. Cela signifie qu'une fois que nous en venons à croire en Christ, nous n'avons jamais besoin de dépendre d'enseignants humains pour nous guider, si utile soit-il. En tant que notre « onction », le Saint-Esprit non seulement nous enseigne la vérité de Dieu mais nous guide lorsque nous cherchons à faire sortir cette vérité dans nos vies. Nous avons dans l'Esprit un enseignant qui est résident en nous pour nous montrer l'esprit du Seigneur. Petite merveille que de plus en plus des chrétiens constatent aujourd'hui qu'ils ont un nouvel amour pour la Bible.

Si Dieu vous donne cet amour, remerciez-le et utilisez-le avec foi, sachant que c'est ainsi que travaillait l'Esprit dans l'église primitive. Je ne parle pas de faire un fétiche de la Bible. Nous n'osons pas tomber dans le piège du légalisme en ce qui concerne la parole de Dieu. Je n'ai aucun conseil pour vous quant au moment où vous devriez lire la Bible, ou comment souvent. Je n'ai aucune envie de discuter avec vous de quelle traduction de la Bible est la « meilleure ». (Le fait est qu'il y a beaucoup d'excellentes traductions de la Bible disponibles aujourd'hui.) L'important est que vous rencontriez le Seigneur. N'ayez pas peur de la variété. Votre relation avec le Seigneur n'est que cela: une relation qui ne peut pas être réduit à un ensemble de règles. Rappelez-vous toujours que c'est le Saint Esprit qui vous permet de comprendre ce que vous lisiez. Tout comme surtout, c'est l'Esprit qui vous permet de partager la vie avec votre ami, il n'y a rien de mal avec un système discipliné de l'enseignement apostolique de l'étude de la Bible. Mais il y a tout ce qui ne va pas avec adorer votre système ou l'imposer aux autres.

Alors, nos professeurs sont multiples: des leaders doués, nos collègues chrétiens, et finalement le Saint-Esprit lui-même. Y a-t-il pas d'autres implications de notre regard bref sur l'enseignement dans le Nouveau Testament? Plusieurs choses se démarquent.

En premier lieu, je suis frappé par le sérieux avec lequel ces premiers chrétiens ont pris leur responsabilité de s'entraider à grandir dans leur foi. L'édification mutuelle est absolument nécessaire pour la maturité chrétienne. En effet, nous avons beaucoup à apprendre les uns des autres. Notez que celui-là même qui a dit : « Vous n'avez besoin de personne pour t'apprendre » était un enseignant! C'est un fait intéressant et significatif que les lecteurs d'Hébreux ont été exhortés à devenir des « enseignants » (Héb.5 : 12) Vous voyez combien il est impossible de vivre enfermé dans un petit coin de votre vie sans interagir avec d'autres chrétiens. Pense un instant sur la métaphore de l'église en tant que corps du Christ (1 Cor. 12 : 12). Si rien d'autre, il nous parle de l'interdépendance de toutes les parties différentes du corps. En d'autres termes, nous avons besoin mutuellement, surtout lorsqu'il s'agit de comprendre et d'obéir la parole de Dieu. Je vous exhorte à trouver une église de maison qui encourage cette sorte d'édification mutuelle. S'il y a un ministère de chaire où vous assister, assurez-vous que l'enseignement est sain et que les retours sont encouragés. (Un monologue ne doit pas exclure la participation du public.) Faites aussi de participer aux études bibliques en petits groupes. Rappellez que les croyants sont tous sur un pied d'égalité: enseignants et enseignés sont des compagnons de pécheurs et des compagnons d'apprentissage. Si possible, faites de la place pour des cours plus formels dans la Bible. Si une église locale doit faire un impact significatif dans sa communauté, il doit devenir un apprentissage centre, un lieu où la vérité est valorisée et enseignée. (Dans mon livre *The Jesus Paradigm*, je consacre une annexe entière au thème « Retour de l'éducation biblique à l'église locale ».)

Une deuxième chose qui se démarque est l'importance de l'obéissance. La connaissance elle-même ne doit jamais être notre objectif. « La connaissance gonfle, mais l'amour s'accumule » (1 Cor. 8 : 1). Il n'est pas nécessaire que vous obteniez un certificat en études bibliques. Et s'il vous plaît ne pas envier «Dr.» Untel à cause de son diplôme : il ne s'agit que d'un symbole de statut créé par l'homme en même temps, n'oublie jamais que ton amitié avec Christ doit être cultivé, et que l'obéissance d'amour de notre part est toujours la meilleure réponse. Un jour, un conférencier du centre orient a présidé à la parole dans notre fraternité locale. Il a partagé avec nous la condition horrible des esclaves chrétiennes au Pakistan. Il a conclu en nous disant que cela ne coûtait que 2 000 dollars US pour assurer la liberté d'une fille de ce mode de vie hideux. Immédiatement, j'ai senti que l'Esprit me disait de faire quelque chose à ce sujet. J'ai demandé les anciens pour obtenir la permission de parler, puis j'ai dit: «Frères et sœurs, les Ecritures indiquent clairement que nous avons l'obligation d'aider ces sœurs en Christ. Paul ne dit-il pas dans Romains 12:13: ce que vous avez avec le peuple de Dieu qui est dans le besoin »? Voici le premier cent dollars. N'y a-t-il pas 19 autres d'entre nous qui aujourd'hui racheter une pakistanaise de l'esclavage? dans toute la pièce, jusqu'à ce que le besoin soit pleinement satisfait. Tu vois, pour moi c'était très différent de savoir ce que dit la Bible— « Partager ce que vous avez avec le peuple de Dieu qui est dans le besoin » —et ensuite dites: « Et alors? Je ne me soucie pas assez de faire quoi que ce soit à propos de ça ». Le but de l'Esprit d'inspirer la Bible n'est pas principalement pour nous donner des informations, bien qu'il le fasse, mais pour produire en nous un caractère qui est l'imitation de Christ—pour faire de nous un peuple qui « supporte les uns des autres et ainsi accomplissent la loi du Christ » (Gal. 6 : 5). Peut-être que nos problèmes « financiers » ne sont pas financiers mais spirituels!

Un troisième domaine qui me frappe est le danger de l'anti-intellectualité. C'est la méfiance de l'esprit. Une documentation connue de ce phénomène est le livre de Richard Hofstadter *Anti-Intellectualism in American Life* (L'anti-intellectualisme dans la vie américaine). Le christianisme est une foi raisonnable. Je n'oublierai jamais l'audition de Francis Schaeffer à un groupe d'étudiants en la Suisse que lorsque les gens deviennent chrétiens, ils ne doivent pas mettre leurs cerveaux en parc ou neutre. Quand vous trouvez l'apôtre Paul dépensé longtemps dans une ville (par exemple, Ephèse), c'était principalement pour enseigner. L'église primitive a travaillé dur pour former de nouveaux disciples. Si la vie spirituelle a besoin de nourriture, tout comme l'intellectuelle. Compétences exégétiques sont particulièrement important de nos jours, lorsque les gens sont de plus en plus allergiques au dur labeur de découvrir la vérité scripturaire pour eux-mêmes. La Bible nous interdit d'être comme des animaux « sans intelligence » et nous ordonne d'être « adultes » dans notre compréhension (Psaume 32 : 9; 1 Cor. 14 : 20). « C'est fondamental chez nous » John Wesley a écrit: « Renoncer à la raison, c'est renoncer à la religion, que la religion et la raison vont de pair, et que tout irrationnel la religion est une fausse religion » (cité dans R. W. Burtner et R. E. Chiles, *A Compend of Wesley's Theology* (Un résumé de la théologie de Wesley), p. 26). La vérité est que Dieu nous a créés en tant qu'êtres rationnels. L'anti-intellectuel est donc une menace sérieuse pour un christianisme équilibré. C'est une combinaison de l'intellect et une émotion que nous devons toujours rechercher.

Cela m'amène à ma dernière observation. Malgré notre engagement en faveur de l'enseignement apostolique, il restera toujours bon nombre des incertitudes et les doutes sur telle ou telle doctrine. Nous allons simplement vivre avec ceux-ci. Je suis baptiste. L'éditeur de ce livre est un méthodiste. Est-ce que cela ne sent pas le compromis de sa part? Cette est une accusation qui est souvent faite, mais il n'y a pas de vérité. Il est possible d'être certain de ce que vous croyez sans être suffisant. Cela se résume vraiment à ceci: l'humilité. Je me souviens d'avoir assisté à une conférence il y a plusieurs années à l'École de Divinité Evangelique Trinity (Trinity Evangelical Divinity School. La conférence s'appelait « Des affirmations évangéliques ». Kenneth Kanzter avait réuni deux professeurs de chaque grand séminaire évangélique en Amérique du Nord. Pendant deux semaines nous avons discuté de doctrine chrétienne. Il nous est immédiatement apparu qu'il y avait beaucoup sur lequel ce soit possible être en désaccord. Certains pensaient que les cadeaux n'étaient que temporaires. D'autres ont estimé qu'ils étaient encore valables aujourd'hui. Mais les deux parties ont convenu que le ministère de l'Esprit était indispensable à la vie chrétienne. Les chrétiens ne doivent avoir aucun doute à ce sujet.

Nous devons nous méfier, bien sûr, des faux enseignements. Comme on voit dans le livre des Galates, les chrétiens risquent d'ajouter quelque chose à l'œuvre de Christ et à sa seule suffisance. Pour cette raison, et bien d'autres, nous devrions faire attention à tout ce qui dévie (ou semble s'écarter) de la croyance orthodoxe chrétienne. Mais il y a beaucoup de choses qui unissent les chrétiens et nous devrions remercier Dieu, qu'il en est ainsi. La meilleure chose à propos de l'Écriture est qu'elle nous attire au Sauveur qui est l'exemple parfait de la façon dont nous avons besoin de vivre.

Ce changement à la ressemblance de Jésus ne se fera pas du jour au lendemain, bien sûr. Nous saurons toujours le pouvoir d'assaillir le péché. Nous n'allons jamais comprendre à quel point la bataille contre le mal peut être déchirante. Mais une fois que nous avons Christ en nous, le processus de devenir semblable à Christ continuera tout au long de nos vies, jusqu'au jour où toutes les barrières ont été enlevées et rien ne se tient entre nous et le Seigneur.

Jusque-là, continuons à nous consacrer, en tant qu'individus et en tant que congrégations, à l'enseignement des apôtres!

4 RELATIONS AUTHENTIQUES

«Ils se sont consacrés à… la fraternité.»

Nous avons vu au chapitre 1 que les premiers chrétiens évangélisaient fidèlement leurs voisins. Leur travail missionnaire était à la fois implacable et relationnel. Et leur succès était incroyable. L'un des principaux secrets de leur impact était sans aucun doute le soin exceptionnel qu'ils se sont donnés l'un à l'autre. Pour le dire simplement: ils jouissaient d'un nouveau mode de vie qui attirait d'autres personnes vers le Sauveur. L'une des manières dont la nouvelle qualité de vie a été perçue était dans leur « communion fraternelle ». Le mot grec que Luc utilise est *koinonia*. Dans le Nouveau Testament, cela a été traduit par « communion fraternelle », «participation», « communion » et « collecte ». Je pense que le meilleur rendu ici est le « partage ». Ces premiers croyants ont partagé la vie ensemble. Ils n'avaient qu'un cœur et une âme, à tel point qu'ils partageaient avec empressement leurs biens. Ils "avaient tout en commun" (Actes 2 : 44). Leur camaraderie a brisé toutes les barrières.

Ceci est un autre endroit où l'église moderne manque souvent la marque. Notre manque de *koinonia*, de relations authentiques, constitue un obstacle pour un grand nombre de personnes qui recherchent un amour authentique en action. Les premiers chrétiens ont réussi là où nous échouons à cause de leur grande préoccupation les uns pour les autres. On ne peut manquer de remarquer comment leur *koinonia* s'est exprimée. Nous trouvons dans le Nouveau Testament une église qui a été consacrée à au moins trois priorités.

En premier lieu, *il y avait une église consacrée à l'édification mutuelle*. Trois passages du Nouveau Testament traitent directement de cette question. En Héb. 10 : 24-25, nous lisons: « Pensons à des moyens de nous encourager mutuellement par des actes d'amour et de bonnes œuvres, sans négliger notre réunion, comme certains le font, mais en nous encourageant les uns les autres, surtout maintenant que son jour le retour s'approche ». Il suffit de dire que ce passage fait beaucoup plus que condamner les chrétiens qui ne fréquentent pas l'église tous les dimanches!

Ensuite, il y a 1 Cor. 14 : 26: "Que faut-il donc faire, frères et sœurs? Quand vous vous réunissez, chacun a un cantique, un enseignement, une révélation, une langue ou une interprétation. Que tout soit fait pour l'édification » .

Un dernier passage est 1 Pi. 4 : 7-11: « La fin de toutes choses est proche. Par conséquent, vous devez être sérieux et alerte pour le bien de vos prières. Par-dessus tout, aimez-vous les uns les autres avec ferveur, car l'amour couvre une multitude de péchés. Soyez hospitaliers les uns envers les autres sans vous plaindre. En tant que bons intendants de la grâce multiple de Dieu, servez-vous les uns des autres, quel que soit le cadeau que chacun de vous a reçu. Celui qui parle doit le faire comme on dit les paroles mêmes de Dieu. Celui qui sert doit le faire avec la force que Dieu fournit, afin que Dieu puisse être glorifié en toutes choses par Jésus-Christ, à qui appartiennent la gloire et le pouvoir pour toujours et à jamais. Amen ».

N'y a-t-il pas une leçon importante dans ces textes? Nous aurons des églises saines et une véritable koinonia dans la mesure où nous serons disposés à utiliser nos dons au service des autres dans le corps de Christ. Pourtant, combien peu d'églises semblent croire cela. Il n'y a pas de vie corporelle authentique. Il n'y a aucun engagement envers le ministère de chaque membre. Il n'y a aucune attente que Dieu puisse utiliser et qu'il utilise chaque croyant dans la construction de toute la famille de l'église. Il n'y a aucun sentiment que la participation compte vraiment. Et pourtant, dans nos églises, des plaidoyers sont à venir, des plaidoyers déchirants pour des rassemblements plus participatifs. Si le plaidoyer est entendu, la réponse est souvent: «Mais nous ne l'avons jamais fait de cette façon auparavant». Le plaidoyer semble très radical, car l'Église chrétienne s'est radicalement écartée du modèle de ministère établi dans le Nouveau Testament. Peut-être qu'il est temps de faire le point et de réformer. Les passages ci-dessus nous montrent clairement que le but principal du rassemblement n'est pas le culte (qui doit être ouvert 24 heures sur 24, 7 jours sur 7, voir Rom. 12 : 1-2), mais une édification mutuelle. Tous les chrétiens sont appelés à exercer un ministère chrétien à plein temps, pas certains. Les premiers chrétiens ne savaient rien d'une distinction entre le clergé et les laïcs. Chaque membre de l'église a un rôle à jouer dans le service de Dieu. Comme le dit Emil Brunner dans son célèbre ouvrage *The Misunderstanding of the Church* (L'incompréhension de l'Église) (p. 50):

> Une chose est extrêmement importante. Que tout ministre, et que nulle part ne soit perçu une séparation, ou même simplement une distinction, entre ceux qui le font et ceux qui ne le font pas, entre les membres actifs et les membres passifs du corps, entre ceux qui donnent et ceux qui reçoivent. Il existe dans l'*Ecclesia* un devoir et un droit de service universel, une volonté universelle de servir et, en même temps, la plus grande différenciation possible des fonctions.

Alors que nous nous réunissons avec les familles de notre église, faisons de notre objectif l'édification corporelle. Chaque chrétien, sans exception, a un ministère. Cela vous comprend. Vous demandez: « Puis-je enseigner? ». La réponse, comme nous l'avons vu au chapitre 3, est un « Oui! » retentissant. Certes, l'enseignement est une fonction particulière des surveillants (qui doivent être « capables d'enseigner », 1 Tim. 3 : 2), mais ce n'est pas exclusivement la leur (Colossiens 3 : 16). Paul a permis à tout membre de prendre part au ministère de la parole s'il était a été amené à contribuer (1 Cor: 14: 26-29). «Puis-je baptiser ou servir le dîner du Seigneur?

Dans le Nouveau Testament, on ne nous dit jamais qui devrait baptiser ou qui devrait servir le pain et la coupe. Les deux étaient des célébrations laïques. Le concept d'un cadre sacerdotal spécial qui seul pourrait administrer les «sacrements» (terme que le Nouveau Testament n'utilise jamais) n'est pas supporte par l'examen minutieux des Écritures et ne devrait pas être autorisé à faire obstacle à la participation de la congrégation. Si nous devons voir un retour à une vie saine, il doit y avoir une révolution dans les églises dans la façon dont nous pensons au ministère. Dans une petite congrégation, il est possible d'intégrer un temps de partage au sein du rassemblement principal.Dans une plus grande congrégation, les petits groupes sont de merveilleuses occasions de partager des intérêts,des nouvelles et des services des uns et des autres de manière appropriée à travers la parole et la prière. Construire de véritables relations est possible que vous soyez dans une réunion sanctuaire ou dans une maison. Et tout ce qui peut nous aider à développer chaque ministère membre doit être encouragé.

En second lieu, voici une église qui s'occupe les uns des autres. C'était une communauté où la chaleur de la camaraderie personnelle était abondamment ressentie. Leur amour l'un pour l'autre était remarquable. Ils ont partagé leurs biens, leurs repas, leurs vies. Ils semblent avoir toujours travaillé pour les autres en dehors d'un véritable cœur d'amour—le genre d'amour que seul le Saint-Esprit pouvait répandre dans leur cœur (Rom. 5: 8). Ils étaient constamment en train de prier les uns pour les autres. (Nous aurons plus à dire sur la prière au chapitre 6). Leur amour l'un pour l'autre était si vivant qu'il était contagieux. Comme nous l'avons vu, leurs rassemblements ont incarné les contributions de nombreuses personnes. La gentillesse était monnaie courante. « Ils vendaient leurs biens et leurs possessions, ils les donnaient à ceux qui en avaient le plus besoin », nous dit-on dans notre passage (Actes 2 : 45). Contrairement à beaucoup d'églises modernes, leurs dons étaient coûteux et généreux. Ces premiers chrétiens ne séparaient pas le spirituel du temporel. Ils raisonnèrent comme suit: si l'église ne s'occupe pas de la mère célibataire, qui le fera? Si l'église ne défend pas ceux sans défense dans la société, qui entendra leurs cris? Quoi que vous regardiez, les premiers chrétiens *se souciaient*.

Nous devons revivre cette attitude aujourd'hui. Sommes-nous hospitaliers et ouvrons-nous avec empressement nos maisons à des étrangers? L'église primitive était ça. Sommes-nous heureux de pourvoir aux besoins d'autres chrétiens? L'église primitive l'a fait. Devons-nous aider les veuves et les orphelins dans le besoin? C'était le chemin de l'église primitive. Nous sommes appelés à être des serviteurs, et Jésus recherche des disciples qui le serviront de manière sacrificielle. Dieu n'est pas plus intéressé par la vérité sans amour que par l'amour sans la vérité. Combien sont nécessaires les deux! Alors, servons-nous les uns les autres. Vous pouvez servir tous les jours de la semaine, pas seulement le dimanche ou à l'école biblique de vacances. Vous pouvez servir votre collègue, votre voisin, les membres de votre famille, un étranger que vous rencontrez dans la rue. Tu peux le faire!

Troisièmement, *il y avait une église où l'unité était valorisée.* Dans notre dernier chapitre, nous avons vu comment cette unité s'est manifestée parmi les dirigeants de l'Église à l'époque du Nouveau Testament. Il n'y avait pas de hiérarchie, pas de pasteur principal (autre que Christ), pas de soi-disant premier parmi ses pairs. Leur leadership était partagé. Combien cela est rarement vu dans une église moderne, même celle qui pratique plusieurs anciens. Je suis tout à fait certain que personne ne ferait d'objection si le « pasteur principal » de leur église annulait son titre et se retirait dans le groupe!

L'unité a également été vue dans leur prise de décision. Une caractéristique de l'église primitive qui me fascine est la manière dont le consensus a été construit. Ils ont passé du temps à attendre Dieu avant de prendre une décision. Aujourd'hui, nous avons besoin des règles de procédure de Robert avant de pouvoir décider quoi que ce soit. De nos jours, presque personne ne s'est assis pour demander d'où venait l'idée de voter. L'un des avantages de la présence d'un ministère composé de tous les membres est le poids qu'il attribue à la recherche d'un consensus. Il me semble qu'il y a de bonnes raisons de rejeter notre méthode de prise de décision artificielle. Non seulement il manque un fondement biblique, mais cela mine l'exemple de l'église primitive elle-même. Dans Actes 15, nous lisons un moment où les premiers chrétiens ont pris une décision importante. Ensemble, les croyants ont recherché la volonté de

Dieu et l'ont trouvée. Il n'y avait rien de mécanique ou d'affaires dans leur prise de décision non plus. Leur protocole était minimal et l'unité qu'il produisait était incroyable. Comme l'a dit James (Actes 15 : 28), « cela nous a semblé bon pour le Saint-Esprit et pour nous... ». Nous votons et laissons une minorité lésée. L'église primitive a attendu l'Esprit et a produit un tout unifié. Bien entendu, la situation dans Actes 15 ne doit pas nécessairement être considérée comme normative. Mais il est plein d'idées pour nous, chrétiens du XXIe siècle. Cette façon de prendre des décisions pourrait faire une énorme différence dans la vie de nombreuses églises aujourd'hui. Pourquoi tant de nos réunions d'affaires finissent-elles en désordre? Avons-nous peur du travail et de la prière nécessaires pour parvenir à un esprit commun? Il n'y avait pas une telle peur chez les premiers chrétiens. Nous avons un long chemin à parcourir jusqu'à ce que nous atteignions leur sensibilité à l'Esprit. Il est bien capable de guider une congrégation à une décision unanime si tout le monde se tourne vraiment vers lui pour être guidé.

Leur unité a été finalement vue dans leur engagement envers la Grande Commission. C'était leur seule passion. Ils partageaient tous la même priorité dans la vie. Jésus leur avait demandé en priorité d'être ses témoins, d'aller proclamer la Bonne Nouvelle à chaque créature (Marc 16:15). Et c'est exactement ce qu'ils ont fait. Pour les chrétiens du Nouveau Testament, l'évangélisation était une première chose. Cela a été entrepris énergiquement, à tout prix. Et notez: leur volonté d'obéir à leur Maître était un résultat direct du ministère du Saint-Esprit au milieu d'eux. L'Esprit a été spécifiquement donné à l'église pour donner aux croyants les moyens de témoigner du Christ dans un cercle de plus en plus large (Actes 1: 8). Ils n'ont pas juste parlé d'aller. Ils sont allés. L'église d'Antioche était exemplaire à cet égard. Les croyants ont volontiers envoyé deux de leurs enseignants les plus doués pour le bien des perdus dans d'autres pays. Leur sacrifice a porté des fruits. L'Évangile a été prêché, les hommes et les femmes sont venues à Christ, et de nouvelles églises ont été implantées.

Dans ce chapitre, nous avons vu certaines des marques de véritables communautés qui ont caractérisées l'église primitive. Quelle magnifique image d'une vie d'ensemble! Peut-être qu'elles étaient un idéalisme qui ne peut pas être répété aujourd'hui. On peut parler de communauté, mais si nous continuons à nous comporter comme un groupe d'individualistes, personne ne peut faire croire ce que nous disons. L'image que Luc nous donne de l'église primitive devrait nous faire arrêter et réfléchir.

Joseph Hellerman, auteur de: "Quand l'église était une famille", a quelques commentaires intéressants à faire sur la vitalité de l'église (p. 143). "Il est temps," écrit-il, "d'informer à notre peuple que la conversion au christianisme implique à la fois notre justification et notre familiarisation. Nous gagnons un nouveau père lorsque nous répondons à l'évangile. IL est temps de communiquer la réalité biblique que le salut final est un événement de construction de la communauté et de la confiance à Dieu pour changer nos vies et la vie de nos églises en conséquence. Les églises modernes pourraient apprendre une ou deux choses des relations authentiques des premiers chrétiens. Le leur est un exemple brillant. Et si nous en demandons le secret, nous n'aurons pas beaucoup à regarder: le secret est dans la présence du Saint-Esprit. Son pouvoir est disponible pour nous tous. Et cela change la vie. Imaginez ce que l'Esprit pourrait faire dans notre églises s'il était autorisé à avoir le contrôle. Cela pourrait arriver à nouveau.

RASSEMBLEMENTS CENTRÉS SUR LE CHRIST

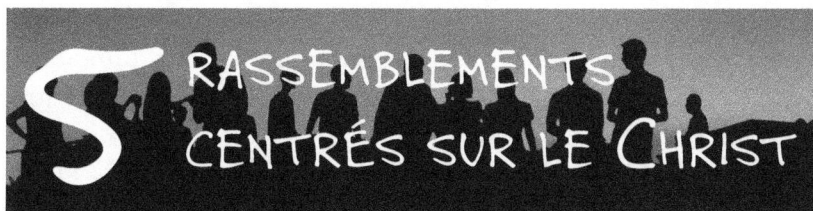

«Ils se sont consacrés à… la fraction du pain.»

Nous voyons ici une cinquième marque d'une église du Nouveau Testament: «la fraction du pain». Avec la plupart des commentateurs, j'entends cela comme une référence au Dîner du Seigneur. Il est clair que l'observance de la communion était un acte central dans la réunion de ces premiers chrétiens. C'était central parce que c'était la seule chose que Jésus avait ordonné à ses disciples de faire en souvenir de lui (1 Cor. 11:24). La pièce maîtresse de nos rassemblements d'aujourd'hui est souvent soit la chaire, soit l'autel. Dans l'église primitive, c'était une table! Et c'est à cette table que Jésus lui-même devint le centre de la conscience en tant qu'hôte et célébrant qui revenait bientôt.

Et combien de fois le souper va-t-il été observé? Si nous comparons Actes 20: 7 ("Le premier jour de la semaine, lorsque nous nous sommes réunis pour rompre le pain….") Avec Apoc. 1:10 ("Le jour du Seigneur…"), il semble que c'était observé chaque jour du Seigneur, c'est-à-dire chaque dimanche. Pourquoi ne pourrait-il pas en être une observance régulière pour les chrétiens aujourd'hui? De nos jours, nos rassemblements sont souvent centrés sur l'homme. À Jérusalem, pas si! L'accent a été mis sur le repas en commun, la célébration de Jésus exalté et l'union de tous les croyants avec lui. Aujourd'hui, il n'est pas rare de trouver des congrégations qui combinent un repas complet et le Dîner du Seigneur à un moment de fraternité et de joyeuse fête. Cette pratique doit être grandement recommandée. Un service hebdomadaire comme celui-ci peut être très émouvant. Il y aura partage et chant, un ou deux enseignements tirés des Écritures, beaucoup de prières et peut-être des pleurs. Et ça va prendre du temps; ce ne sera pas accompli dans une heure! (Comme chaque famille le sait, la fraternité autour d'une table peut être imprévisible.) Mais si cette fraternité a Jésus au centre, les résultats peuvent être profonds.

Dans ce chapitre, je voudrais réfléchir avec vous à la raison pour laquelle le Dîner du Seigneur est si important. Je souhaite faire trois remarques principales:

Le Dîner du Seigneur est important car il renvoie à la croix.

Le repas du Seigneur est important car il symbolise et même crée l'unité dans le corps.

Le repas du Seigneur est important, car il nous oblige à anticiper avec impatience le retour de Christ et, en même temps, à accroître nos efforts évangéliques.

Le Dîner du Seigneur est important car il renvoie à la croix. La croix de Christ est un symbole de perte - honteuse, abjecte, perte totale. Cependant, la mort de Christ était aussi un nouveau départ. Ceux qui l'ont accepté reçoivent non seulement la promesse de la vie éternelle, mais aussi la possibilité de marcher quotidiennement avec le Crucifié. Une nouvelle vie a commencé et il est avec nous à travers toutes les douleurs et les souffrances de la vie. Le cycle se poursuit - gain de perte, force par faiblesse, vie après la mort. La table du Seigneur est un témoin unique de tout cela. Nous voyons ici la gloire de l'amour sacrificiel, la conscience de sa présence, la gloire à part entière de sa résurrection. Trop souvent, nous pensons que le christianisme est un lit de plumes qui nous protégera des coups durs de la vie. La vérité est que l'Évangile implique une croix de souffrance. La croix nous rappelle que Dieu n'est pas étranger à la douleur. La croix nous rappelle que Dieu nous aime à travers la douleur. La croix nous rappelle comment Dieu utilise la douleur pour accomplir ses desseins. Et la croix nous rappelle que Dieu triomphe finalement de la douleur par la résurrection. C'est ici, à la croix, que le problème de la douleur est traité de manière biblique. Parfois, Dieu utilise la douleur pour nous inculquer des qualités telles que la persévérance et le sacrifice de soi. D'autres fois, il utilise la douleur pour nous équiper pour réconforter les autres du réconfort par lequel Dieu nous a réconfortés. Sur la croix, Jésus vida la coupe de souffrance et en sortit victorieux. Alors pouvons-nous!

La table du Seigneur est aussi un rappel que notre Créateur est aussi notre Rédempteur. Christ a apaisé la colère de Dieu envers nous en lavant nos péchés. Notre Sauveur a reçu le salaire du péché à notre place. Certains rassemblements de chrétiens sont à blâmer parce qu'ils ne descendent jamais à ce niveau. L'accent n'est pas mis sur le Christ mais sur la réforme de la société. Vous demandez: "L'Évangile n'offre-t-il pas des solutions aux problèmes de la société?" En effet. Mais l'Évangile résout un problème beaucoup plus profond: le fait que vous et moi sommes exclus de notre Créateur. Jusqu'à ce que nous clarifiions le travail de réconciliation de l'Évangile, jusqu'à ce que nous nous concentrions sur la solution du problème de la relation de l'humanité avec Dieu, nous donnons une fausse image de l'Évangile. L'Évangile est donc avant tout et fondamentalement le moyen d'une nouvelle relation avec Dieu - et le Dîner du Seigneur est un rappel distinct de cette priorité.

Le repas du Seigneur est important car il symbolise et même crée l'unité dans le corps. Nous avons vu dans le dernier chapitre à quel point l'unité était importante pour ces premiers croyants. Ils étaient unis dans leur direction, dans leur prise de décision et dans leur passion pour l'évangélisation. Nous ne devrions donc pas être surpris de voir la même emphase dans la façon dont ils ont observé le Dîner du Seigneur. Un passage clé est 1 Cor. 10: 16-17:

La coupe de bénédiction que nous bénissons, n'est-ce pas une participation au sang de Christ? La miette de pain que nous rompons par extension, de la coupe. D'autres formes de communion (biscuits cassés et petites tasses), bien que peut-être plus pratiques, ne donnent aucune signification à l'importance que Paul attache à l'aspect unifié de la Cène. C'est le travail du Saint-Esprit que de réunir le corps du Christ et non de le diviser. En tout temps et en tout lieu, nous avons la responsabilité de «préserver l'unité de l'Esprit dans le lien de la paix» (Éph. 4: 3). Et cela signifie être ouvert à l'enseignement de l'Esprit par l'apôtre ici dans 1 Cor. 10: 16-17. L'idée d'une seule miche de pain est peut-être la doctrine la plus démodée aujourd'hui, mais c'est incontestablement l'enseignement du Nouveau Testament.

Le repas du Seigneur est important, car il nous oblige à anticiper avec impatience le retour de Christ et, en même temps, à accroître nos efforts évangéliques. En tant que chrétiens, nous voudrons contester l'affirmation de la plupart de nos contemporains occidentaux selon laquelle cette vie est tout ce qu'il y a . Notre existence terrestre n'est qu'un avant-goût de l'éternité. Nous n'osons donc pas être liés par un accent mis sur le ici et maintenant. L'éternité se profile; Jésus revient encore! C'est le royaume des cieux que nous recherchons, pas le royaume des hommes. N'est-ce pas un sujet de la Cène du Seigneur? Car c'est ici, à la table du Seigneur, que nous sommes rappelés encore et encore du retour de Jésus. «Chaque fois que vous mangez ce pain et buvez de cette coupe, vous annoncez la mort du Seigneur jusqu'à ce qu'il vienne» (1 Cor. 11:26). Et quelle sera cette venue! La première venue du Christ a été marquée par une grande humiliation. Sa seconde venue sera en grande majesté. Il viendra, non pas en tant que Sauveur, mais en tant que juge, et il inaugurera le royaume qui a été inauguré lors de son entrée dans le monde. Le chrétien ne doit pas oublier cet aspect futuriste du christianisme. Les premiers croyants savaient que «le Seigneur est proche!» (Phil. 4: 5). Alors, remerciez-le qu'il soit vivant, qu'il vous connaisse et vous aime, qu'il soit à l'œuvre dans votre vie et qu'il revienne pour réparer tous les torts. C'est de quoi se réjouir!

Bien sûr, se focaliser sur l'avenir n'est pas une excuse pour la passivité dans le présent. C'est tragique que les chrétiens ne se rendent pas compte que la doctrine de la seconde venue du Christ est plus qu'un sujet de discussion théologique. Son retour imminent ne doit-il pas nous inciter à une plus grande obéissance? Sa seconde venue ne devrait-elle pas créer en nous un plus grand sentiment d'urgence pour partager l'Evangile avec ceux qui sont perdus autour de nous? Le retour du roi ne devrait-il pas nous inciter à participer davantage à des actes de service semblables à ceux du Calvaire dans le monde? L'Église n'a pas de plus grande priorité que de tenir compte du commandement du Sauveur de faire des disciples de toutes les nations. «Le Seigneur est à portée de main!» Le moment est venu de réexaminer nos consciences, de réévaluer nos priorités, de réapproprier le pardon que le Christ nous a accordé sur la croix et de consacrer de nouveau notre vie à porter la Bonne Nouvelle jusqu'au bout de la terre.

Le Dîner du Seigneur ne doit donc jamais être autorisé à se tourner vers lui-même. Nous devons proclamer la mort du Seigneur jusqu'à ce qu'Il vienne. Il ne fera tout simplement pas pour commémorer la mort de Christ. La Cène du Seigneur doit faire l'objet de beaucoup de travail dans notre vie quotidienne. Sinon, nous allons trouver la matité et l'apathie dans nos réunions. Une véritable attente du retour du Christ et un travail authentique en son nom dans le monde vont de pair. Ils ne peuvent pas être séparés si l'un ou l'autre veut rester en bonne santé. Tout comme nous devons prier «Viens, Seigneur Jésus!» (Apoc. 22:20), nous devons aussi prier: «Que ton règne vienne, que ta volonté soit faite sur la terre comme au ciel» (Matthieu 6:10). Priez pour l'extension du royaume de Dieu dans le cœur de ceux de votre entourage (et au-delà) qui ne lui accordent pas leur allégeance. Cherchez à faire tout votre possible pour étendre son règne royal dans la société. Pratiquez la marche dans la communion quotidienne avec votre Seigneur ressuscité et qui revient bientôt. Christ est votre ami et vous pouvez vous tourner vers lui à tout moment de la journée. En un mot, vivez comme s'il revenait aujourd'hui - pas en restant assis au ciel, mais, comme Jésus avant vous, faites tout votre possible pour «rechercher et sauver ce qui était perdu» (Luc 19:10). Il n'y a pas de joie comme ça.

6 PRIÈRES FERVENTES

«Ils se sont consacrés ... aux prières.»

Crois-tu en la prière? L'église primitive a fait. Peu de choses sont plus soulignées dans le livre des Actes que la réalité du travail de Dieu pour répondre aux prières de son peuple. Notre texte l'exprime ainsi: «Ils se sont consacrés... aux prières». Qu'impliquent les «prières» au pluriel? À tout le moins, cela suggère que ces croyants ont souvent prié et même à des moments précis de la prière en groupe. Est-ce que cela caractérise votre église? Mien?

Récemment, j'ai eu une longue conversation avec un Ethiopien à propos de la prière. Il a été franchement choqué par l'absence de prière des églises américaines. Il y a des centaines d'activités prévues par l'église, mais peu de réunions de prière. Même nos «services de prière» du mercredi soir ne sont rien d'autre que des études bibliques, accompagnées de quelques minutes de prières «me bénissent». Comment pouvons-nous jamais espérer atteindre un monde perdu à moins d'être un peuple de prière?

Dans le livre des Actes, nous trouvons des chrétiens donnant la priorité à la prière. Avant la Pentecôte, nous trouvons les apôtres qui se consacrent à la prière, avec Marie, mère de Jésus et ses frères (1:14). L'église a prié quand ils ont nommé les sept serviteurs pour aider les veuves négligées (6: 6). Lorsque le Saint-Esprit a choisi Barrabas et Saul pour évangéliser les perdus, c'est une église en prière qui les a envoyés (13: 3). Paul a prié quand il a nommé des dirigeants dans chaque congrégation (14:23). Face à la persécution, l'église a prié (4: 23-31). Pierre et Jean ont prié pour les Samaritains (8:15), tandis que Paul et Sillas ont prié en prison (16:25). Paul a prié avec les anciens d'Éphèse (20:36), avec les croyants près de Tyr (21: 5), dans le temple de Jérusalem (22:17), en présence des 276 personnes à bord du navire (27:35) et le père de Publius à Malte

(28: 8). Si, alors, nous demandons quel rôle la prière a joué dans la vie de l'église primitive, la réponse est assez claire. L'église est née et a vécu dans une atmosphère de prière.

Au cours de mes dix-sept visites en Éthiopie au cours des dix dernières années, j'ai constaté un niveau d'engagement similaire. Les réunions de prière d'une journée ne sont pas rares. Les dirigeants de l'église passent chaque jour du temps ensemble dans la prière À quelques exceptions près, chaque église locale a des équipes de prière qui se réunissent au moins une fois par semaine pour une période de prière intensive. Ces croyants n'ont pas toujours prié de cette façon. Leur vie de prière a été façonnée dans le creuset d'années de persécution et de souffrance. Peut-être n'aurait-il pas besoin d'essais si le modèle de prière du Nouveau Testament doit être réalisé parmi nous. Ce n'est pas pour les chrétiens éthiopiens de réserver des journées entières au jeûne et à la prière. Pourquoi ne faisons-nous pas la même chose? Vous trouverez rarement des églises offrant des services de prière, encore moins des réunions de prière toute la journée. Il semble que nous ne pouvons pas attendre Dieu. Nous avons transféré notre foi de Dieu aux modèles modernes de gestion d'entreprise. Dieu est désireux de nous donner de bonnes choses, des choses dont nous avons désespérément besoin, mais il attend de nous que nous demandions ces choses et que nous les demandions dans l'attente. Tous les chrétiens sont appelés à une vie de prière. L'église du Nouveau Testament est née lors d'une réunion de prière (Actes 1.14), et les écrits de Paul sont remplis de tant d'injonctions lui donnant l'impression de passer l'ensemble de son ministère dans une intimité bien pratiquée avec Dieu.

Mais qu'est-ce que la prière? Et comment est-ce possible?

Il existe de nombreuses façons de définir la prière, mais la notion fondamentale est peut-être celle de la communion avec Dieu. La prière est à la fois une attitude et une activité. C'est à la fois communion et communication. L'un des moyens les plus significatifs de définir la prière biblique consiste à examiner les mots grecs utilisés pour la décrire dans le Nouveau Testament. Le mot proseuche est de loin le plus important. Avec sa forme verbale proseuchomai, il est utilisé bien plus de 100 fois dans le Nouveau Testament, 25 fois dans le livre des Actes. Proseuche implique de parler à Dieu, mais il va beaucoup plus loin que cela. C'est autant une attitude divine envers le chrétien qu'un acte. Nous pourrions appeler cela une attitude de prière. Ainsi, Paul peut ordonner aux chrétiens de «prier sans cesse» (1 Thés. 5:17). Ici, l'idée n'est pas celle d'une conversation continue avec le Tout-Puissant. En ce moment, je tape ce livre sans prier. Est-ce que je désobéis donc à cette commande? Vous voyez, le type de prière auquel Paul fait référence n'est pas tant de dire des paroles à Dieu que de jouir de la communion fraternelle avec lui. Nous pourrions dire que la prière est en communion avec notre Seigneur. Je pense à l'accent mis par le Mouvement Keswick sur la «pratique de la présence» du Christ. La prière commence par une conscience de la présence du Sauveur. Peu ou rien ne sera accompli dans notre vie de prière sans cette relation personnelle. La prière est juste des amis étant ensemble. Parfois, les mots sont impliqués, et parfois ils ne le sont pas. Connaissez-vous des personnes qui entretiennent une relation profonde avec l'amoureux de leur âme? Vous y trouverez des personnes qui prient.

Mais il y a beaucoup plus qui peut et doit être dit sur la nature de la prière. Trois autres mots grecs comme une référence à la prière «en langues». Mais il semble y avoir peu de raisons de défendre cette opinion. Prier en langues peut bien être inclus, mais le langage de Paul est assez large pour inclure tout type de prière que nous pourrions offrir. Le point principal de Paul est que la prière doit cesser d'être une activité à faire soi-même. C'est l'Esprit, et l'Esprit seul, qui active, renforce et rend possible la prière. Il y a un bon sens de réalisme dans tout cela. Ne pensez pas un instant que vous pouvez prier sans l'aide de l'Esprit. Soyez sensible à ses incitations. Quand il vous conduit à prier, priez! Il n'y a pas d'autre moyen de prière. L'Esprit est le facilitateur de la prière.

Chacun de nous, dans sa propre marche quotidienne avec Dieu, est confronté à des épreuves et à des facteurs de stress. Celles-ci testent notre foi et devraient nous amener à passer plus de temps à communier avec Dieu dans la prière. Si nous faisions cela, le résultat serait une dépendance plus profonde de Dieu. Comment pouvons-nous surmonter les forces spirituelles invisibles déployées contre nous si nous ne sommes pas un peuple de prière? Le peuple de Dieu avance toujours à genoux. Dis à Dieu tout ce qui est dans ton cœur. Parlez-lui comme vous le feriez à un cher ami. Et assurez-vous de faire vos prières «au nom de Christ», comme Jésus nous l'a instruit (Jean 14: 13-14; 16: 23-28). Prier au nom de Jésus n'est pas une sorte de mot de passe magique qui peut être utilisé sans discernement pour arriver à nos fins. La prière au nom de Jésus n'est efficace que lorsque nous prions d'une manière qui soit cohérente avec notre relation à Christ et à la volonté de Dieu. La prière implique d'ajuster et même d'abandonner nos attentes et nos projets à la volonté du Père.

Dans son livre La pratique de la présence de Dieu, Frère Lawrence écrit que certains de ses moments les plus proches avec Dieu ne se sont pas passés à genoux, mais en restant constamment en communion avec lui tout au long de la journée. Essayez de «pratiquer la présence» vous-même au milieu du bruit et de la confusion de votre journée. Rappelez-vous que vous pouvez prier sous la douche, en faisant du jogging ou même en classe, ennuyé à mort. Chaque fois que l'Esprit rappelle les paroles de la prière, répondez-le immédiatement, que cette réponse soit un «Aide!» Désespéré ou un «Merci!» Rapide. La prière n'est rien de plus que d'exprimer notre dépendance sur le Dieu vivant et vrais. La réponse à chaque prière que nous offrons est la même: Il est avec nous, rattraper toute notre faiblesse avec toute sa puissance.

7 VIE SACRIFICIELLE

«Tous les croyants ont continué à travailler en étroite collaboration et ont partagé tout ce qu'ils avaient entre eux. Ils vendraient leurs biens et leurs biens et distribueraient l'argent entre tous, selon les besoins de chaque personne.»

La marque finale d'une église du Nouveau Testament est la vie sacrificielle. Si le plan général de Dieu en envoyant son Fils est de préparer son église à la mission, nous pouvons nous demander à quoi ressemble cette mission. L'activité de l'Esprit dans l'église, en termes d'évangélisation et de fraternité, doit être équilibrée en entraînant ses membres dans un monde dans le besoin. Examine Actes 2: 43-47 et tu remarqueras que le salut de la nécessité mène au service. Il ne peut en être autrement. L'Esprit qui a été envoyé à la Pentecôte est suprêmement le Serviteur du Seigneur. Vous ne pouvez pas aller plus haut dans la vie chrétienne que lorsque vous vous penchez pour laver les pieds des autres. Tant qu'il n'y aura pas un véritable esprit de générosité, tant qu'il n'y aura pas de partage réel de l'argent et des biens, il est peu probable que le monde perdu nous parle de la qualité de notre communauté. Certains chrétiens ont eu une tendance désastreuse à insister tellement sur le fait de «gagner leur âme» aux dépens de «l'évangile social» que leur message tombe dans les oreilles d'un sourd. L'idée de séparer le spirituel du social n'a jamais été envisagée par les premiers chrétiens. Leur amour l'un pour l'autre était vraiment incroyable. Sans cela, il ne pourrait y avoir d'évangélisation efficace. Sans cela, le monde ne resterait pas impressionné par l'Évangile. Non, au lieu de se retirer dans leurs monastères cloîtrés, au lieu de séparer le spirituel du social, ces premiers chrétiens ont fait de la recherche de l'amour de Dieu dans un monde déchu une priorité. Sans vouloir leur donner trop d'avantages, ils étaient un peuple coupable d'un amour scandaleux.

En réfléchissant à la manière dont ceux qui ont cru en Christ par la prédication de Pierre ont proclamé l'Évangile en le vivant, je crois que le plus grand ingrédient de leur succès a été leur amour pour le Christ. Les disciples de Jésus sont devenus peu à peu comme lui. Le résultat fut une église qui se souciait vraiment des pauvres et des nécessiteux. Les non-chrétiens étaient intrigués par ce changement et voulaient en connaître la cause.

Ainsi, aujourd'hui, le monde cherche des relations authentiques et, tant qu'il ne verra pas l'amour en action, il ne s'intéressera pas beaucoup à ce que les chrétiens ont à dire. Je me souviens d'avoir discuté de cela lors de mon premier voyage en Éthiopie en 2004. Ma femme et moi avions rencontré un jeune garçon aveugle qui vendait des babioles dans un village isolé. Nous n'y avons pas pensé jusqu'à notre retour aux États-Unis. Un jour, ma femme m'a demandé: «Chérie, tu te souviens de ce garçon aveugle en Éthiopie? Pensez-vous qu'il y a quelque chose que nous pouvons faire pour lui? »Nous avons prié à ce sujet et le Seigneur nous a conduits à fournir une greffe de cornée à ce petit garçon. Lors de son rétablissement dans la capitale, Addis-Abeba, nous lui avons organisé un séjour dans un collège mennonite où j'avais déjà enseigné le grec. Là, il est venu à la foi en Christ. Il a demandé à un élève: «Pourquoi tout le monde m'aime-t-il autant? Et pourquoi M. et Mme Black m'aiment-ils tellement? »Cet étudiant a partagé avec lui l'amour du Christ. Ce jour-là, ce jeune garçon est devenu mon frère en Christ. Depuis, j'ai eu le privilège de partager l'Évangile avec de nombreux musulmans d'Éthiopie, et peu d'entre eux en sont venus à croire en Christ. «Pourquoi», demandaient-ils, «voudriez-vous quitter l'Amérique et venir ici dans mon village et vivre dans ma hutte avec moi et manger ma nourriture?» Et je leur raconterais l'histoire de Celui qui a quitté toute la gloire du ciel pour venir à cette la terre à mourir sur une croix romaine puante, sale, sanglante pour les péchés du monde.

L'Évangile et le souci social vont de pair. Les deux sont essentiels à la Grande Commission. La conversion individuelle devrait toujours conduire à la responsabilité sociale. C'est un scandale quand les chrétiens séparent leur foi chrétienne de leur implication sociale. En bref, Dieu est en train de sauver des personnes qui, à leur tour, partageront la responsabilité de l'évangélisation et de l'action sociale. C'est exactement ce que l'église dans Actes 2 a fait. Ici, nous ne voyons aucune fausse compartimentation de la foi. L'évangélisation a conduit et a conduit immédiatement à l'action sociale. Bien sûr, dans le processus, l'évangélisation occupait le devant de la scène. L'évangélisation était le début d'une conscience sociale. Toute action sociale authentique n'est que la conséquence du salut personnel.

Les chrétiens d'aujourd'hui ont besoin de recouvrer ce foyer profondément basé sur l'Évangile. Seul un engagement sincère auprès de la Grande Commission peut résister à l'acide du facile à croire d'une part et à l'humanisme malavisé de l'autre. Le «mandat d'évangélisation» doit mener au «mandat culturel». Nous ne pouvons pas insister sur la priorité de la conversion personnelle sans reconnaître que la conversion authentique implique une responsabilité sociale fondamentale. Trop souvent, les chrétiens se concentrent sur l'annonce de l'Évangile sans vivre de l'Évangile. En réaction, d'autres mettent l'accent sur l'action sociale au point où le message du salut se perd au milieu du bruit de la construction d'hôpitaux, de bâtiments scolaires et de puits. Et les premiers chrétiens? L'idée de séparer la conversion spirituelle de la pratique financièrement. Et le résultat? Les églises à la maison et à l'étranger sont enrichies et édifiées.

Certains membres d'église ont la capacité d'enseigner des compétences pratiques à l'étranger. Je me souviens d'avoir emmené un agriculteur avec moi pendant un an dans le sud de l'Éthiopie pour enseigner aux agriculteurs de ce pays le problème du gonflement du bétail. Il a donné des ateliers agricoles et distribué des semences riches en protéines aux agriculteurs rencontrés. En plus de tout cela, il partageait avec eux l'amour du Christ et le vivait devant leurs yeux. Je connais beaucoup d'autres - médecins, infirmières, infirmiers, instituteurs - qui ont eu des ministères similaires dans d'autres équipes que nous avons emmenées avec nous en Afrique. Comme les premiers chrétiens, ils ont compris que l'évangile devait être prêché aux perdus et, tout comme les premiers chrétiens, ils ont refusé de créer un fossé entre l'évangile personnel et l'évangile social. Comme nous avons besoin de cet équilibre aujourd'hui!

J'ai toujours trouvé fascinant que le même mot grec (koinonia) puisse être traduit par «fraternité» et «contribution financière». Les premiers chrétiens donnaient des chrétiens. Ils étaient une famille et ils se sont donc bien occupés. Leur amour a tellement impressionné le monde que les gens se sont écriés: «Voyez comme ces chrétiens s'aiment les uns les autres!». Maintenant, voyez-vous pourquoi Jésus a dit: «Il est difficile pour un riche d'entrer dans le royaume des cieux!» (Matt. 19: 23). Celui qui a dit aux autres de se donner aux pauvres a fait cela lui-même. Comme Paul le dit: «Vous connaissez la grâce de notre Seigneur Jésus-Christ. Bien qu'il fût riche, il devint pauvre pour toi, afin que, par sa pauvreté, il devînt riche » (2 Cor. 8: 9). Et nous devons suivre ses pas. Le christianisme a brisé le dos de la cupidité. «Le pouvoir de l'esprit de Christ qui donne la vie m'a libéré du pouvoir du péché et de la mort» (Romains 8: 2)

Cela résume assez bien l'éthique chrétienne. Les chrétiens ne sont pas asservis à un ensemble de règles créées par l'homme. Christ nous a libérés. La focalisation du comportement n'est donc plus externe. C'est interne, comme le Saint-Esprit nous permet de vivre comme le Christ a vécu - de façon sacrificielle et même scandaleusement. Dieu merci, beaucoup d'entre nous sont prêts à laisser Dieu toucher leur portefeuille. Je pense à une grand-mère qui a donné 100 dollars à l'Éthiopie au lieu de donner à ses petits-enfants des cadeaux de Noël dont ils n'avaient même pas besoin. Je pense à une Américaine qui a passé trois mois en Éthiopie à soigner une femme enceinte à grands frais. Comment est-il fait? Les chrétiens qui ont connu l'amour donnent l'amour. Plutôt que d'accumuler leurs richesses, ils ont appris à utiliser leurs ressources délibérément et avec joie pour les autres.

La vie sacrificielle est donc extrêmement importante pour le chrétien. Cela ne signifie pas que les chrétiens ne dépenseront jamais rien pour eux-mêmes. Notre utilisation de l'argent doit être équilibrée. Paul est clair sur le fait que nous devons prendre des dispositions pour nos familles (1 Tim. 5: 8). Mais cela n'inclut-il pas aussi notre famille spirituelle? N'y aurait-il pas à donner aux missions? Ne devrions-nous pas laisser au moins une partie de notre succession au travail chrétien? Il y a beaucoup de besoins à combler. Le Seigneur vous montrera où vous pouvez être de la plus grande utilité, si vous êtes ouvert à sa direction.

Comme nous l'avons vu au chapitre 4, l'église n'est pas une simple organisation humanitaire. C'est une communauté qui transcende toutes les barrières. J'adore quand Luke écrit dans notre passage: «Tous les croyants ont continué à être unis par une étroite camaraderie et ont partagé tout ce qu'ils avaient entre eux.» Il est difficile de surestimer le pouvoir de l'amour. C'est la stratégie de Dieu pour le changement sociétal. Il crée une communauté d'hommes et de femmes libérés des charmes du matérialisme. Pouvons-nous nous humilier et apprendre de ces chrétiens du premier siècle? Certes, notre cadre est très différent du leur. Mais nous pouvons apprendre de nombreux principes inestimables à essayer ici en Occident. Dans une grande partie de notre christianisme occidental, nous avons perdu la joie de faire des sacrifices. «Nous nous donnons la dîme», me dit un pasteur. Nous avons perdu le sens de la communauté mondiale. Est-ce trop espérer qu'une telle manifestation de générosité puisse être vue dans nos églises de ce pays?

Je ne conteste pas le fait que le salut est personnel et individuel, mais c'est beaucoup plus que cela. Cependant, pour beaucoup d'évangéliques, l'accent mis sur le personnel et l'individu a de plus en plus rendu le salut individualiste. L'ensemble de l'expérience chrétienne est considéré comme une relation personnelle avec Dieu - souvent à l'exclusion de sa relation avec les autres ou avec la culture en général. Je préfère une approche plus équilibrée. Puisque le péché est personnel, chaque individu est coupable de péché et doit être pardonné pour son péché, et non celui de quelqu'un d'autre. Cependant, le salut est aussi social. Jésus est le Seigneur de tous. La politique, l'éducation, l'économie, les arts - tout cela est inclus dans sa seigneurie divine. Ainsi, les chrétiens doivent comprendre que, même si le salut est individuel et personnel, le royaume de Dieu est beaucoup plus vaste que nos expériences personnelles de salut.

Par exemple, je peux dire (et je le dis w

La mission et la théologie sont si clairement liées qu'il ne peut être autorisé à divorcer de la manière habituelle dont se sont habitués les théologiens universitaires occidentaux. Après tout, en Jésus-Christ, Dieu lui-même est descendu sur terre, au niveau de nous, mortels, et les théologiens ne devraient pas être en mesure de faire de même. La théologie doit descendre sur terre pour servir l'église et sa mission dans le monde - et si elle ne veut pas descendre sur terre, elle doit être ramenée sur terre en marginalisant tellement la théologie universitaire dans la vie de l'église qu'elle cesse de l'être avoir une pertinence pour cette église, afin qu'une orientation théologique répondant aux besoins pastoraux et missiologiques de l'église puisse se développer dans son sillage.

Il n'est donc plus possible (si cela a jamais été le cas) de supposer que la théologie peut fonctionner en dehors du service au monde. Plus nous comprenons les Écritures, plus nous comprenons notre responsabilité de soumettre nos vies et notre avenir à ses enseignements radicaux. Une fois que cela aura été reconnu, la compassion sociale sera véritablement l'un des objectifs apostoliques de la fonction apostolique de l'Église. Au lieu de faire de la théologie pour l'intérêt de la théologie, nous choisirons de témoigner de l'Évangile en paroles et en actes, par la bouche et par la vie. Nous ferons peut-être aussi moins de pontificats depuis nos tours d'ivoire haut dans le cyberespace et descendrons sur le balcon et peut-être même au rez-de-chaussée.

Si cela se produisait, par la grâce de Dieu, les nations verraient la théologie descendre sur terre, là où elle appartient vraiment.

ALSO FROM ENERGION PUBLICATIONS

The Jesus Paradigm

David Alan Black

Black writes an immensely practical book that will rearrange the furniture in your mind and, if heeded, will resurrect biblical Christianity.

David B. Capes
Professor in Christianity, Houston
Baptist University

I for one couldn't put it down, and I read it in one sitting.

Craig Bennett
Trinitarian Dance

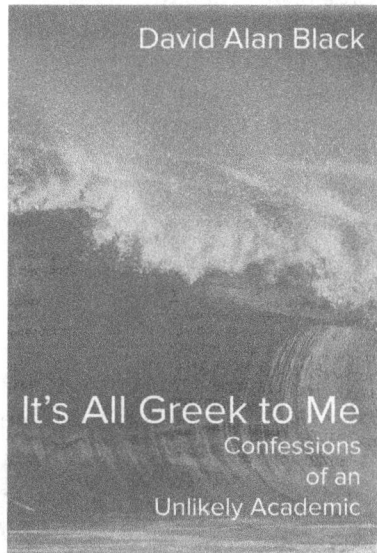

David Alan Black

It's All Greek to Me
Confessions
of an
Unlikely Academic

More from Energion Publications

Personal Study

Holy Smoke! Unholy Fire	Bob McKibben	$14.99
The Jesus Paradigm	David Alan Black	$17.99
When People Speak for God	Henry Neufeld	$17.99
The Sacred Journey	Chris Surber	$11.99

Christian Living

It's All Greek to Me	David Alan Black	$3.99
Grief: Finding the Candle of Light	Jody Neufeld	$8.99
My Life Story	Becky Lynn Black	$14.99
Crossing the Street	Robert LaRochelle	$16.99
Life as Pilgrimage	David Moffett-Moore	14.99

Bible Study

Learning and Living Scripture	Lentz/Neufeld	$12.99
From Inspiration to Understanding	Edward W. H. Vick	$24.99
Philippians: A Participatory Study Guide	Bruce Epperly	$9.99
Ephesians: A Participatory Study Guide	Robert D. Cornwall	$9.99
Ecclesiastes: A Participatory Study Guide	Russell Meek	$9.99

Theology

Creation in Scripture	Herold Weiss	$12.99
Creation: the Christian Doctrine	Edward W. H. Vick	$12.99
The Politics of Witness	Allan R. Bevere	$9.99
Ultimate Allegiance	Robert D. Cornwall	$9.99
History and Christian Faith	Edward W. H. Vick	$9.99
The Journey to the Undiscovered Country	William Powell Tuck	$9.99
Process Theology	Bruce G. Epperly	$4.99

Ministry

Clergy Table Talk	Kent Ira Groff	$9.99
Out of This World	Darren McClellan	$24.99

Generous Quantity Discounts Available
Dealer Inquiries Welcome
Energion Publications — P.O. Box 841
Gonzalez, FL_ 32560
Website: http://energionpubs.com
Phone: (850) 525-3916

www.ingramcontent.com/pod-product-compliance
Lightning Source LLC
Chambersburg PA
CBHW031612040426
42452CB00006B/484